ラカンはこう読め!

スラヴォイ・ジジェク
著
鈴木 晶
訳

Slavoj Žižek

How to read LACAN

紀伊國屋書店

ラカンはこう読め！

Slavoj Žižek

HOW TO READ LACAN

Originally published in English by Granta Publications
under the title HOW TO READ LACAN

Series Editor : Simon Critchley
Slavoj Žižek asserts the moral right to be identified
as the author of this Work
Japanese translation published by arrangement with Granta Publications
through The English Agency (Japan) Ltd.

死の前に生はあるか——日本語版への序文

いまや伝説の部類に入るが、一九五〇年代初頭にヨーロッパで絶讃された黒澤明の『羅生門』を通じて、西洋の大衆は「日本精神」を知った。だがそれよりもはるかに知られていないのはその伝説の裏側、すなわちこの映画が本国日本ではあまり受けず、あまりに「西洋的」な映画として受け取られたという事実である。その理由はよくわかる。(人気のない森で、悪名高い盗賊が武士の妻をレイプし、武士を殺すという)悲劇的な出来事が、四人の目撃者=関係者によってそれぞれ別な風に語られる。それがもたらす効果(それは映画的イメージの西洋的リアリズムに属している)は単純に、ひとつの物語が四つの主観的視点から語られるというだけの話だ。それによって、いわゆる「東洋的精神」を西洋的な見方と隔てているものそれ自体が失われた。曖昧さと決定不能性は「主観化」できるものではない。それらを、手の届かないなんらかの現実に対する異なった「主観的視点」に還元してはならないのである。複数の視点はずばり現実そのものの特徴であり、現実のもつこの存在論的曖昧さ・脆弱さを、映画というメディアのリアリズムで表現することは難しい。これが何を意味するかといえば、それは、真の「羅生門」は、似非ニーチェ的な多視点主義、つまり客観的な真理などは存在せず、主観的に歪められ偏った物語が無数に存在するだけなのだという概念とは無縁だということである。

しかし、それにもかかわらず、「西洋的」なものである精神分析を用いることによって、われわれはこの映画に新たな光を当てることができる。『羅生門』に関して最初になすべきことは、形式主義の罠にはまらないようにすることである。この映画の形式的・存在論的命題と呼びたくなるもの（同じ出来事をめぐる複数の物語を通じては真理に到達しえないということ）を、この出来事の特殊な性質――男の権威に対する女の挑戦、女の欲望の爆発――から引き出してはならない。四つの目撃談は、同じ神話（レヴィ＝ストロース的な意味での）の四つのヴァージョンと、つまりさまざまなヴァージョンを含む完全な母型と、見なすべきである。最初のヴァージョン（盗賊の話）では、盗賊は武士の妻をレイプし、然る後に正当な決闘で彼女の夫を殺す。第二のヴァージョン（生き残った妻の話）では、レイプの最中に、武士の妻は盗賊の強引なセックスの情熱の虜になり、結局、二人の男に自分の恥辱を知られてしまった以上、どちらかに死んでもらわねば恥ずかしくて生きていくことはできない、と盗賊に告げ、そのために決闘がおこなわれる。第三のヴァージョン（死んだ夫の亡霊が語る話）では、盗賊に縄をほどいてもらった武士は、恥辱から自害する。最後のヴァージョン、すなわち近くの茂みで出来事を目撃していた木こりの話では、レイプの後、盗賊が夫を縛っていた縄をほどくと、夫は怒り、妻を恥知らずの売女と罵る。妻は怒りと恍惚から、両方の男に対して怒りを爆発させ、二人とも弱虫だと言い、私のために決闘しろと言う。この四つの目撃談が語られる順番には意味がある。それらは同じレベルで進行するわけではない。順番に目撃談が語られるに従って、男の権威が少しずつ弱まっていき、それと併行して女の欲望が前面に出てくる。著者が日本に行ったときに聞いたのだが、バックシャンとは「後ろから見たときには、美しいのではという期待を抱かせるが、前から見るとそうではない女性」のことだそうだ。『羅生門』では、この言葉と同じようなことが起きているのではなかろうか。最後の（木こりの）目撃談が特権的な位置を占めるのは、それが「本当に起きたこと」を語っているからではなく、四つの目撃談すべてを繋いでいる内在的構造において、この木こりの目撃談が外傷的な点として機能しているからである。他の三つはそれに対する防衛、防衛形成として捉えるべきなのである。

この映画の「公的」メッセージは明快だ。映画の冒頭、それに続くフラッシュバックの外枠となる会話の中で、僧が、ここで語られる出来事は今の時代に蔓延している飢え、戦《いくさ》、混沌よりも恐ろしいと指摘する。一体どこがそんなに恐ろしいのだろうか。それは社会的絆の崩壊である。人びとが頼れる〈大文字の他者〉の不在、つまり信頼を保証し、義務の支えとなる基本的な象徴的契約がなくなってしまうことだ。したがってこの映画は、無数の物語の背後に究極の明確な現実があるわけではないということについての存在論的ゲームに興じているわけではない。むしろこの映画は、社会組織を維持している基本的な象徴的契約の崩壊がもたらす、社会的・倫理的帰結について語っているのである。しかも、異なる視点から語られるこの物語は、それ以上のことを語っている。それは〈大文字の他者〉に対する最大の脅威はどこにあるのか、すなわち、男性的な契約を不安定にし、男の視界の明晰性を曇らせて、女に、つまり女の欲望に変えてしまう、究極の原因はどこにあるのかについて語っている。すでにニーチェが語ったように、真理は、首尾一貫していないという点で、また無数のヴェールの下に究極の基準がないという点で、女性的である。男性的な戦士の暴力の下には、それよりもはるかに暴力的で不気味な女性の欲望が潜んでいるのである。

『羅生門』をそのように読むことによって、われわれは日本文化と西洋文化との間の意外な繋がりを見出すことができる。それは見かけの力に関する繋がりである。本文中でも紹介したが、自分をタネだと信じている男をめぐる笑い話がある〔161頁参照〕。彼は精神病院に連れて行かれ、医者たちの必死の努力で、彼は自分がタネではなく人間であることを確信するようになる。彼は治癒して（自分のことをタネではなく人間だと思えるようになって）、退院を許されたが、すぐに恐怖に震えながら病院に舞い戻ってくる。病院のすぐ外にニワトリがいて、自分は食べられてしまうのではないかと言う。医者は「いいかい、きみはタネではなく人間なんだ。知っているだろ？」と言って聞かせる。だが元患者はこう答える。「もちろん私は知ってますよ。でもニワトリはそれを知っているでしょうか？」　ユーゴスラヴィア（当時の著者の祖国）の大統領だったチトーは、その晩年にはまさにそのニワトリだった。いくつかの公文書や回想録によると、一九七〇年代半ば、チトーの側近たちはユーゴスラヴィアの経済が壊滅的であることを知っていた。しかし、チトーに死期が迫っていたため、側近たちはかたらって危機の勃発をチトーの死後まで先延ばしすることに決めた。その結果、チトーの晩年には外国からの借款が急速に膨れ上がり、ユーゴスラヴィアは、ヒッチコックの『サイコ』に出てくる裕福な銀行家の言葉を借りれば、金の力で不幸を遠ざけていた。一九八〇年にチトーが死ぬと、ついに破滅的な経済危機が勃発し、生活水準は四〇パーセントも下落し、民族間の緊張が高まり、そして民族間紛争がとうとう国を滅ぼした。適切に危機に対処すべきタイミングを逃したせいだ。ユーゴスラヴィアにとって命取りとなったのは、指導者に何も知らせず、幸せなまま死なせようという側近たちの決断だったのだといってもいい。

これこそが究極の「文化」ではなかろうか。文化の基本的規則のひとつは、いつ、いかにして、知らない（気づかない）ふりをし、起きたことがあたかも起きなかったかのように行動し続けるべきかを知ることである。私のそばにいる人がたまたま不愉快な騒音を立てたとき、私がとるべき正しい対応は無視することであって、「わざとやったんじゃないってことはわかっているから、心配しなくていいよ、全然大したことじゃないんだから」などと言って慰めることではない。先のニワトリの笑い話は、このように正しく理解しなくてはならない。患者の疑問は、多くの日常的な状況に付随している疑問だ。浮気をしたり、喧嘩したり、怒鳴り合ったりしている夫婦は、たいてい（つまり彼らが最低限の人間性をそなえているなら）、子どもに気づかれないように努める。両親の不和が子どもに悪影響を及ぼすことをよく知っているからだ。だからそうした親たちが必死に維持しようと努めるのは、まさしく「自分たちが互いに嘘をつき、喧嘩し、怒鳴り合っていることを、私たちはよく知っているが、子ども／ニワトリはそれを知らない」という状況に他ならない（もちろん、たいてい子どもたちはちゃんと知っているが、悪いことは何も知らないふりをしている。そのほうが両親に負担をかけないで済むと知っているからだ）。もう少し品のいい例が必要なら、苦境に陥っている（ガンで死期が迫っているとか、経済的に苦しい）にもかかわらず、最愛の子どもにはそれを知らさないように努めている両親のことを考えてみればいい（文化が科学に敵対するのはこの理由による。科学は知への容赦ない欲動に支えられているが、文化とは知らない／気づいていないふりをすることである）。

この意味で、見かけに対する極端な感受性をもつ日本人こそが、ラカンのいう〈大文字の他者〉の国民である。日本人は、他のどの国民よりも、仮面のほうが仮面の下の現実よりも多くの真理を含むことをよく知っている。この事実を受け入れるということは、死者として生きることを受け入れるということだ。山本常朝〔『葉隠』の口述者〕は武士の心得についてこう書いている。「毎日、怠ることなく、死んでおくべきである。古老の言葉に、『軒下から一歩出れば、汝は死者であり、門を出れば敵が待っている』というのがあるが、これは用心せよということではなく、前もって死んでおけということである」*訳註01。だからこそ、ヒリス・ローリー〔『帝国日本陸軍』の著者〕によれば、第二次世界大戦中、多くの日本軍兵士は戦地に赴く前に自分の葬式を挙げた。生者の領域からあらかじめ自分を排除してしまうこの姿勢を、日本の病的な軍国主義を示す一例として片付けてしまうことは容易だが、むしろわれわれはその中に自由の別名、あるいはかつてセネカが言ったように、「死者に交わることなく、だが生者からも離れて、さまよう道を探す(quaeratur via qua nec sepultis mixtus et vivis tamen exemptus erres)」姿勢を見出すべきであろう。

逆説なことに、「真に生きる」ためには、自分自身の死を通り抜けなければならない。「死の前に生はあるか」――これはヴォルフ・ビーアマン〔現代ドイツのユダヤ系詩人・作詞家〕がその歌のひとつで投げかけた問いだ。これは「死後の生はあるか」というありふれた観念論的な問いを唯物論的に裏返しにしたものだ。唯物論者を悩ます問いはこうだ——私はいまここでちゃんと生きているのだろうか、それとも生存しか頭にないただの動物として生育しているだけなのか？

ラカンはこう読め！　目次

✤本文中の傍点は、原文でイタリック体になっていることを示す。〔　〕内は、訳者による註。

はじめに

少し頭を整理することにしましょう。[01]

二〇〇〇年、フロイトの『夢判断』出版百周年は、精神分析の死を祝う、勝ち誇った喝采の新たな波に迎えられた。脳科学の新たな発展によって、精神分析は、宗教的告白者や夢占い師といっしょに、それが本来属していた場所、すなわち隠された意味を探究する、科学以前の蒙昧主義者たちの物置小屋に埋葬された、と。トッド・デュフレーンの言葉を借りれば、[02]人類の思想史において、フロイトほど自分の原理すべてにおいて間違っていた者は他に例を見ない。いや、もうひとりマルクスがいる、と付け加える人もいるだろう。共産主義による犯罪を片っ端から列挙した悪名高い『共産主義黒書』[03]に続いて、二〇〇五年、精神分析の理論的誤りと臨床上の欺瞞を残らず列挙した『精神分析黒書』[04]が出たが、これは当然予想されたことだった。少なくともそうした否定的な形で、マルクス主義と精神分析が深いところで連帯していることは、いまや誰の目にも明らかだ。

この弔辞には一理ある。今を遡ること一世紀、フロイトは自分がなしとげた無意識の発見を近代ヨーロッパ史に位置づけるために、人間は三度続けて屈辱を味わってきた、あるいはフロイト自身の言葉を借りれば「ナルシシズムへの三つの打撃」を受けてきた、と述べた。最初にコペルニクスが、地球が太陽の周りを回っていることを論証し、人間を宇宙の中心的位置から追い落とした。次にダーウィンが、人間は無目的な進化によって出現したことを証明し、人間を生物界における特権的地位から引きずり下ろした。最後にフロイトが、心的過程においては無意識の役割が優勢であることを暴露し、自我は自分の家の主人ですらないことを明らかにした〔『精神分析入門』第十八講などを参照されたい〕。それから一世紀経った現在、さらに荒涼とした光景があらわれつつある。最新の科学の飛躍的進歩は、人間が抱いているナルシシスティックな自己イメージにさらなる屈辱を次々に与えているようだ。われわれの精神そのものからして、データを処理するたんなる計算機にすぎない。われわれは自由で自立しているという意識は、その計算機のユーザーの幻想にすぎない。今日の脳科学からすれば、精神分析そのものも、画期的であるどころか、最近の屈辱に脅かされている伝統的な人間中心主義の領域に属しているように思われる。

では精神分析は本当に時代遅れになってしまったのだろうか。なるほど、次のような三つの互いに関連したレベルにおいて、時代遅れになったことはたしかなようだ。

（1）科学的な知のレベルでは、認知科学や神経生物学のモデルがフロイトのモデルに取って代わりつつあるようだ。

（2）精神医学の臨床においては、精神分析療法が急速に薬物療法や行動療法に取って代わられつつある。

（3）社会的コンテクストでは、社会と社会的規範が個人の性欲動を抑圧しているというフロイト的なイメージはもはや、享楽的で寛大な現代社会を的確に説明しているとは思われない。

にもかかわらず、精神分析の追悼式は時期尚早で、まだ余命のある人を追悼しているのかもしれない。フロイトの批判者たちが信じている「明白な」真実とは正反対に、私の目的は、今こそ精神分析時代が到来したのだということを示すことである。ラカンの眼を通してみれば、つまり「フロイトに帰れ」というラカンの呼びかけを通してみれば、フロイトの重要な洞察の真の大きさがようやく明らかになったといえる。ラカンが「フロイトに帰れ」と言ったのは、フロイトが言ったことに帰れという意味ではなく、フロイト自身もじゅうぶんに気づいていなかった、フロイトによる革命の核心に回帰せよという意味だった。

ラカンはその「フロイトに帰れ」を、まず精神分析の構造全体の言語学的読解から始めた。それは「無意識は言語として（のように）構造化されている」という、たぶんラカンのいちばん有名な公式に要約されている。無意識の最も一般的な捉え方は、無意識とは非合理的な欲動の領域であり、合理的な意識的自己と対立する、というものだ。ラカンにいわせれば、そうした無意識概念はロマン主義の生の哲学（Lebensphilosophie）に属し、フロイトとはなんの関係もない。フロイトの無意識があれほどのスキャンダルを引き起こしたのは、合理的な自己はそれよりもはるかに強大で盲目的で非合理的な本能の領域に従属していると主張したからではなく、無意識が独自の文法と論理に従っていることを明らかにしたからである。無意識は語り、思考する。無意識は、自我によって飼い慣らされるべき野性的な欲動の保護区ではなく、外傷的な真理が声を発する場所なのである。そこに、「エスのあったところに自我をあらしめよ（Wo es war, soll ich werden）」というフロイトのモットーを、ラカンがあえて言い換えたことの意味がある。それは「自我は、無意識的な欲動の住み家であるエスを征服しなければならない」という意味ではなく、「私は私の真理の場所にあえて接近しなければならない」という意味である。

「そこで」私を待っているものは、私が同一化しなければならない深い「真理」ではなく、私が共生することを学ばなければならない堪えがたい真理なのだ。

ではラカンの思想は、主流の精神分析思想家たちと、またフロイト自身と、どのように異なっているのだろうか。ラカン派以外の諸派と比較したときにまず眼を惹くのは、ラカン理論がきわめて哲学的だということだ。ラカンにとって、精神分析のいちばんの基本は、心の病を治療する理論と技法ではなく、個人を人間存在の最も根源的な次元と対決させる理論と実践である。精神分析は個人に、社会的現実の要求にいかに適応すべきかを教えてくれるものではなく、「現実」なるものがいかにして成立しているのかを説明するものである。精神分析は、人が自分自身についての抑圧された真理を受け入れられるようにするだけではなく、真理の次元がいかにして人間の現実内に出現するのかを説明する。ラカンの見方からすると、神経症、精神病、倒錯といった病理学的な形成物は、現実に対する根本的に哲学的な姿勢がもつ威厳をそなえている。私が強迫神経症にかかっているとき、この「病」が、現実に対する私の関わり全体を彩り、私の人格の全体的構造を規定している。他の精神分析的アプローチに対するラカンの批判の核心は、彼らの臨床的方向性に関わっている。ラカンにとって、精神分析療法の目的は患者の幸福、社会生活の成功、自己実現ではなく、患者をその欲望の基本的座標と行き詰まりに対決させることである。

フロイトに関して、いちばん顕著な点は、ラカンがその「フロイトに帰れ」において用いた鍵が、精神分析の領域の外に由来することである。フロイトの隠された財宝の鍵を開けるために、ラカンは、フェルディナン・ド・ソシュールの言語学、クロード・レヴィ＝ストロースの構造人類学、数学の集合論、プラトン、カント、ヘーゲル、ハイデッガーの哲学など、じつにさまざまな理論を援用する。そのため、フロイト自身の理論には、ラカンの最重要概念に相当する概念がほとんどない。フロイトは、想像界・象徴界・現実界という三幅対を一度も用いていないし、象徴的秩序としての「大文字の他者」について一度も述べていないし、「主体」ではなく「自我」という語を用いている。ラカンは、他の分野から借用したこれらの概念を、フロイト自身は気づいていなかったが、フロイトの思想にすでに暗黙のうちに含まれていた違いを際立たせるための道具として用いる。たとえば、もし精神分析が「談話療法」であり、心的障害を言葉だけで治療するのだとしたら、ある特定の言語観に依拠しなければならない。ラカンにいわせれば、フロイトは、自分の理論と実践に含まれている言語観に気づいていなかったのであり、この言語観を発展させるためにはソシュールの言語学、言語行為理論、ヘーゲル的な認識の弁証法を取り入れなければならないのだ。

ラカンの「フロイトに帰れ」は、精神分析に新たな理論的基礎を与えたが、分析治療にも多大な影響を及ぼした。ラカンはその生涯を通じて、論争、危機、そしてスキャンダルにさえ付きまとわれた。彼は一九六三年に国際精神分析学会と絶縁せざるをえなかっただけでなく、彼の挑発的な思想は、重要なマルクス主義者からフェミニストにいたるまで、多くの進歩的な思想家たちを震撼させた。欧米の学界では、ラカンはふつう一種のポストモダニストあるいは脱構築主義者と見なされているが、ラカンはこれらのレッテルが示す空間から明らかにはみ出している。彼はその生涯を通じて、彼に貼られたレッテル——現象学者、ヘーゲル主義者、ハイデッガー主義者、構造主義者、ポスト構造主義者——から脱皮し続けた。それも不思議ではない。彼の教えの最も顕著な特徴は、絶えざる自問だったのだから。

ラカンは貪欲な読者であり解釈者だった。ラカンにとっては精神分析そのものが、テクストを読むための道具だった。そのテクストが、語られたもの（患者の語り）であろうと書かれたものであろうと。したがって最良のラカン読解法とは、ラカンの読書法をみずから実践すること、すなわちラカンとともに他者のテクストを読むことではなかろうか。そこで本書では一章ごとに、ラカンの著作からの引用を、（哲学、芸術、大衆芸術、イデオロギーからの）別の引用と対決させる。他のテクストをラカン的に読むことを通じて、ラカン的な立場とはどのようなものであるかが明らかになるだろう。本書のもうひとつの特徴は、徹底した排除である。本書は、精神分析療法では何が起きているのかに関するラカンの理論をほとんど全面的に無視する。ラカンは何よりもまず臨床家であり、彼の著作と行動のすべてに臨床的関心が浸透していた。プラトン、アクィナス、ヘーゲル、キェルケゴールを読むときですら、つねに臨床的な問題を解明することが目的だった。臨床的関心がいたるところに浸透しているからこそ、除外することができるのだ。臨床的なものがいたるところにあるために、近道を通ってその結果に、つまり臨床的でないように見えるすべてのものをじつは臨床的なものが彩っているのだということに、集中することができる。これこそが、臨床的なものが中心を占めていることの最大の証拠である。

本書『ラカンはこう読め！』は、歴史的・理論的コンテクストを通してラカンを説明するのではなく、ラカン自身を使ってわれわれの社会とリビドーの現状を説明する。公平な判断を自負するのではなく、党派的な読み方をする。すべての真理は部分的（＝不公平）であるというのはラカン理論の一部である。ラカン自身が、フロイトを読むにあたって、そうした不公平なアプローチの威力を例証している。T・S・エリオットはその『文化の定義に向けた覚書』の中でこう指摘している――分派するか信仰を捨てるかのどちらかを選択しなければならないことがある。そうした危機的状況において、宗教を生き延びさせる唯一の方法は、その主流から離れて分派活動することである、と。ラカンはその分派活動により、国際精神分析学会の腐った死体と縁を切り、フロイトの教えを生き延びさせた。それから五十年経った今、われわれはラカンに対しても、それと同じことをしなければならない。[05]

1

空疎な身ぶりと遂行文

CIAの陰謀に立ち向かうラカン

言語活動《ランガージュ》が、法とともに、始まるのは、ダナオイ[*]の贈り物とともにか、それとも彼らにその健全なノンセンスを与える合い言葉とともにか。というのも、象徴は契約を意味し、何よりも契約のシニフィアンである（象徴は契約をシニフィエとして構成する）という意味で、ダナオイの贈り物はすでに象徴である。このことは次のような事実から容易に見てとることができる。すなわち象徴的交換における物品――水の洩れる壺、重すぎて持ち上がらない盾、干からびてしまう小麦の束、地面に突き刺さった槍――は大量にあるために余計だというだけでなく、すべてなんの役にも立たない。

　このシニフィアンの中立化が、言語活動の本質のすべてなのだろうか。この評価にのっとれば、たとえばアジサシが求愛行為に際して嘴から嘴へと受け渡し合う魚に、言語の起源が具現化されていることがわかる。動物行動学者たちはそのなかに、祭りに相当するといってもいい、集団を活性化させる道具を見るが、もし彼らが正しいとしたら、それを象徴と見なすことはまったくもって正当であろう[06]。

＊（原註）ホメロスは、トロイを包囲したギリシア人たちを「ダナオイ」と呼んだ。その贈り物はトロイの木馬であり、これによってギリシア人はトロイに侵入し、滅ぼすことができた。古典時代には「ギリシア人の贈り物」という句は、役に立ちそうに見えるがじつは受け取った者を滅ぼすような贈り物を指す常套句となり、ウェルギリウスの詩の一節には「私はギリシア人を怖れる。たとえ彼らが贈り物を携えてきたとしても（Timeo Danaos, et dano ferentes)」とある。

メキシコの連続テレビ・ドラマは驚異的なペースで撮影される（毎日二十五分間のエピソードが撮影される）。俳優たちは台本を与えられないので、前もって稽古することができない。彼らは耳に小さなレシーバーをつけていて、どう演技すべきかについての指示を聞き、言われたとおりに演技する（「彼の頬をひっぱたき、『あなたなんか、大嫌い！』と言う。それから彼に抱きつく」）。こうした撮影方法はわれわれに、ラカンのいう〈大文字の他者〉が（一般的な理解において）どういうものかについて、あるイメージを与えてくれる。象徴的秩序、すなわち社会の不文律は、言葉を話す存在にとっては第二の天性である。それは私の行為を指示し、統制する。それは私が泳いでいる海だ。にもかかわらず、結局のところ、私はその中に入っていくことができない。それを自分の眼の前に置いて手で摑むことはできない。言語活動の主体であるわれわれは、まるで操り人形のように話し、行動する。われわれの言葉も身ぶりも、すべてに浸透している無名の何かによって命令されているかのようだ。これは以下のようなことを意味するのだろうか、すなわちラカンにとっては、われわれ人間はたんなる付随現象、すなわち真の自分自身の力をもたない影にすぎず、自分は自由で自立しているという自己認識はいわばユーザーの幻想にすぎず、われわれは、幕の後に隠れて糸を操っている〈大文字の他者〉が手にしている道具にすぎないのだろうか。

しかし〈大文字の他者〉には、そんなふうに単純化すると失われてしまう特徴がいろいろある。ラカンによれば、人間存在の現実は、象徴界・想像界・現実界という、たがいに絡み合った三つの次元から構成されている。この三幅対はチェスに例えると理解しやすい。チェスをやる際に従わなければならない規則、それがチェスの象徴的次元である。純粋に形式的・象徴的な視点からみれば、「騎士《ナイト》」は、どういう動きができるかによってのみ定義される。この次元は明らかに想像的次元とは異なる。想像的次元では、チェスの駒はどれもその名前（王《キング》、女王《クイーン》、騎士《ナイト》）の形をしており、それにふさわしい性格付けがなされている。だから、規則はまったく同じだが、異なる想像界をもったゲーム、たとえば騎士の駒に「使者」とか「馬」という名前がついているゲームを想像することは容易だ〔将棋を想像してみればいい〕。最後に、現実界とは、ゲームの進行を左右する一連の偶然的で複雑な状況の全体、すなわちプレイヤーの知力や、一方のプレイヤーの心を乱し、時にはゲームを中断してしまうような、予想外の妨害などである。

〈大文字の他者〉は象徴的次元で機能する。ではこの象徴的秩序は何から構成されているのか。われわれが話すとき（いや聞くときでもいいのだが）、われわれはたんに他者と一対一でやりとりをしているだけではない。われわれは規則の複雑なネットワークや、それとは別のさまざまな前提を受け入れ、それに依拠しており、それがわれわれの発話行為を下から支えている。まず文法上の規則がある。私はそれを盲目的・無意識的に体得していなければならない。いちいち規則を意識していたら、話すことなんかできない。次に、私と会話相手が互いを理解することができるのは、同じ生＝世界に参加しているという背景があるからだ。私が従う規則は、じつは二つにはっきりと分かれている。第一のタイプの規則（と意味）に、私は盲目的・習慣的に従うが、反省する際には、それを少なくとも部分的に意識することができる（一般的な文法規則など）。第二のタイプの規則と意味は私に取り憑いていて、私は知らないうちにそれに従っている（無意識的な禁止など）。私はさらに第三の規則と意味を知っているが、知っていることを他人に知られてはならない。たとえば、然るべき態度を保つためには、汚い猥褻なあてこすりは黙って無視しなければならない。

この象徴的空間は、私が自分自身を測る物差しみたいなものである。だからこそ〈大文字の他者〉は、ある特定のものに人格化あるいは具象化される。彼方から私を、そしてすべての現実の人びとを見下ろしている「神」とか、私が身を捧げ、そのためなら私には死ぬ覚悟ができている「大義」（自由、共産主義、民族）とか。私が誰かと話をしているとき、たんなる「小文字の他者」（個人）が他の「小文字の他者」と二人だけで話しているわけではない。そこにはつねに〈大文字の他者〉がいなければならない。この〈大文字の他者〉への内在的言及をテーマにした、下品なジョークがある。貧乏な田舎者が、乗っていた船が難破して、たとえばシンディ・クロフォード〔アメリカのスーパーモデル〕といっしょに、無人島に漂着する。セックスの後、女は男に「どうだった？」と聞く。男は「すばらしかった」と答えるが、「ちょっとした願いを叶えてくれたら、満足が完璧になるんだが」と言い足す。頼むからズボンをはき、顔に髭を描いて、親友の役を演じて欲しいというのだ。「誤解しないでくれ、おれは変態じゃない。願いを叶えてくれれば、すぐにわかる」。女が男装すると、男は彼女に近づいて、横腹を突き、男どうしで秘密を打ち明け合うときの、独特の流し目で、こう言う。「何があったか、わかるか？　シンディ・クロフォードと寝たんだぜ！」　目撃者としてつねにそこにいるこの〈第三者〉は、無垢で無邪気な個人的快感などというものはありえないことを物語っている。セックスはつねにどこかかすかに露出狂的であり、他者の視線に依存しているのである。

　そのしっかりとした力にもかかわらず、〈大文字の他者〉は脆弱で、実体がなく、本質的に仮想存在である。つまりそれが占めている地位は、主観的想像の地位である。あたかもそれが存在しているかのように主体が行動するとき、はじめて存在するのだ。その地位は、共産主義とか民族といったイデオロギー的大義と似ている。〈大文字の他者〉は個人の実質であり、個人はその中に自分自身を見出す。〈大文字の他者〉は、個人の存在全体の基盤である。それは究極の意味の地平を供給する評価基準であり、個人はそのためだったら生命を投げ出す覚悟ができている。にもかかわらず、実際に存在しているのは個人とその活動だけであって、個人がそれを信じ、それに従って行動する限りにおいてのみ、この〈大文字の他者〉という実質は現実となるのだ。「盗まれた手紙についてのセミネール」の末尾でラカンが述べているように、手紙がつねに宛先に届くのは、それがこの〈大文字の他者〉の仮想的性格を有しているからである。現実に、しかもかならず宛先に届く唯一の手紙は、投函されなかった手紙である、とすらいってもいいだろう。真の宛先は生身の人間ではなく〈大文字の他者〉そのものなのである。

手紙の顕著な特徴のひとつに、手紙を投函せずに取っておくというのがある。注目すべきなのは、書くことでも送ることでもなく(私たちはしばしば手紙の下書きを書いては捨てる)、それを送る意図がないときに、メッセージを保存しておくという身ぶりである。手紙を取っておくことによって、私たちはある意味ではそれを「送って」いるのだ。手紙を送らないことは、自分の考えたことを捨てることでも、(私たちが手紙を破るときみたいに)馬鹿げているとか下らないと見なして破棄することでもない。むしろ反対に、私たちはその手紙に追加の信任投票をしているのだ。実際、私たちは、「この考えは大切すぎて、とても実際の宛先人の視線には委ねられない」と言っているのだ。宛先人はその価値を理解できないかもしれない。そこで私たちは、空想の中の宛先人に送るのだ。その人はちゃんと理解し、評価してくれるだろうという絶対的な信頼を込めて。(07)

フロイト的な意味での症候についても、まったく同じことがいえるのではなかろうか。フロイトによれば、症候を発現させているとき、私は自分の最も内奥にある秘密、すなわち無意識的な欲望とトラウマについての暗号化されたメッセージを発している。症候の宛先人は実在する他者ではない。分析家が私の症候を解読するまで、誰にも私のメッセージを読むことはできない。では、症候の宛先人は誰なのか。唯一残っている候補者は、仮想的な〈大文字の他者〉である。〈大文字の他者〉が仮想的だということは、象徴的秩序が個人から独立して存在する何か霊的な実体などではなく、個人の持続的な活動によって支えられている何かだということである。しかし、〈大文字の他者〉の起源はいまだに不明である。個人と個人が象徴を交換するとき、二人は一対一でやりとりしているだけでなく、つねに仮想的な〈大文字の他者〉に言及している。それはどういうことか。私が他の人びとの意見について話すとき、それはたんに私、あなた、あるいは他人たちがどう考えているかということだけでなく、不特定の「ひと」がどう考えているかという問題でもある。私が礼儀作法に背いたということは、私がたんに大多数の他人がやらないことをやったというのではなく、「ひと」がやらないことをやったということなのだ。

ここでわれわれは、本章の冒頭に掲げた難解な引用へと立ち戻らねばならない。この引用において、ラカンはあえて〈大文字の他者〉の起源について述べている。ラカンにとって言語は、木馬がトロイ人にとって危険だったのと同じくらい、人間にとって危険な贈り物だ。われわれは無料で言語を用いることができるが、われわれがいったん言語を受け入れると、言語はわれわれを植民地化する。受け取ってもらうために「内容は無害」と書かれているその贈り物の中から出現するのは、象徴的秩序である。贈り物が差し出されたとき、重要なのは中身ではなく、贈り物を受け取る瞬間に、贈った者と贈られた者との間に樹立される関係である。この引用において、ラカンはわずかながら動物行動学にまで言及している。捕まえた魚を嘴から嘴へと受け渡し合うアジサシは（まるで、そうした行為によって樹立される関係のほうが、最終的に誰がその魚を食べるかということよりも重要であるかのように）、実際には一種の象徴的コミュニケーションをおこなっているのだ。

世の恋人たちは誰でも知っているはずだ。恋人への贈り物に私の愛を象徴させるには、役に立たない、どこにでもある、ありふれた贈り物でなくてはならない。そうした物を贈るときにはじめて、その使用価値は不問に付され、贈り物が私の愛の象徴になりうる。人間のコミュニケーションを特徴づけているのは、それ以上還元不能な再帰性であり、すべてのコミュニケーション行為は同時にコミュニケーションの事実を象徴化している。この人間本来の象徴的秩序の根本的な神秘を、ロマン・ヤコブソンは「交感的言語使用」と呼んだ。人間の発話はけっしてたんにメッセージを伝えるだけではない。それはつねにコミュニケーションをしている主体間の根本的・象徴的契約を自己再帰的に確認しているのである。

最も基本的なレベルの象徴的交換はいわゆる「空しい身ぶり」、すなわち拒絶されることに決まっている申し出である。ブレヒトはその戯曲『イエスマン』*訳註02において、この特徴に強烈な表現を与えた。この作品では、ひとりの少年が、あることを自由意志で受け入れるよう命じられる。その「あること」とは谷に突き落とされることで、いずれにしてもそれが彼の運命である。彼の師はこう説明する——自分の運命に同意するかどうかを犠牲者に質問するのが慣習であるが、同時に犠牲者が「はい」と答えるのもまた慣習である、と。社会に属している人間はすべて、強制されたものを自由意志で選択して受け入れなければならないという、逆説的な立場に立たされることがある（われわれはすべて自分の国、両親、宗教を愛さなくてはならない）。強制されたものを（自由意志で選んで）希望し、実際にはそんなものはないのに自由な選択があるかのようなふりをする（そういう外見を保つ）というこの逆説は、空しい象徴的身ぶり、つまり拒否されることになっている身ぶり（申し出）という概念と、密接な共依存関係にある。

これと似たようなことが、われわれの日常的な行動規範の一部になっている。親友との間で激烈な昇進争いをした後で、たまたま私が勝ったとする。そのとき私のすべきことは、彼が昇進できるように自分が身を引くと申し出ることであり、彼がすべきことは私の申し出を断ることだ。このようにすれば、おそらくわれわれの友情を救うことができる。ここに見られるのは最も純粋な象徴的交換、すなわち拒絶されるためだけになされる身ぶりである。結局、われわれは出発点と同じ位置関係に戻ったわけだが、連帯の契約によってどちらの側も確実に得たものがある。これが象徴的交換の魔術である。もちろん問題はある。もし一方が、拒絶すべき申し出をすんなり受け入れたらどうなるだろうか。昇進争いに負けた私が、きみが代わりに昇進してくれという親友の申し出を受け入れたらどうなるだろうか。当然、破滅的な状況が生じる。社会的秩序が伴う（自由という）見かけが崩壊する。これは社会の実体そのものの崩壊と同じことであり、社会的な絆が断たれてしまう。

空しい身ぶりによって社会的な絆がしっかりと結ばれるという発想にたてば、「社会病質者《ソシオパス》」〔現在はふつう反社会的人格障害と呼ばれる〕の容態を厳密に定義することが可能になる。社会病質者の理解を超えているのは、「人間の行為の多くは……やりとりそれ自体のために行われる」[08]のだという事実である。いいかえれば、社会病質者の言語の使い方は、逆説的に、「言語とは純粋にコミュニケーションの道具的手段であり、意味を伝達する記号である」という標準的で常識的な理解と一致する。彼は言語を用いる。言語の中に囚われることはなく、言語の遂行的次元に対しては鈍感である。このことが社会病質者の道徳に対する態度を決定する。社会病質者は、社会的相互作用を規定している道徳律を認識できるし、それが彼の目的に合致する限り、道徳的に行動することさえできるが、彼には何が正しくて何が間違っているかに関する「本能的直感《ガッツ・フィーリング》」、つまり外的な社会的規則に関わりなく「やってはいけないことはやってはいけないのだ」という感覚が欠けている。要するに、社会病質者は、功利主義が発展させた道徳概念を、律儀に実践しているのである。功利主義によれば、道徳とは、われわれが自分の利害を知的に計算した上で採用した行動を指す（結局のところ、できるだけ多くの人に満足してもらえるように努めれば、みんなの得になるのだ）。社会病質者にとって道徳とは、習得し服従すべき理論であって、実際に自分が同一化するようなものではない。悪いことをするのは、あくまで計算間違いであって、罪深い行動ではない。

この遂行的次元があるために、われわれが言語において直面するすべての選択はメタ選択、つまり選択そのものの選択であり、私の選択の座標に影響を与え、変化させるような選択である。私の（性的、政治的、財政的）パートナーが私に取引を迫るという日常的な状況を想像してみよう。そのパートナーが私に言うのは、要するにこういうことだ。「きみを心から愛している。二人が結ばれれば、ぼくはすべてをきみに捧げる。でも警告しておく。もしぼくを拒絶したら、ぼくは理性を失い、きみの人生をめちゃくちゃにするかもしれない」。もちろんここにある罠は、私がいま直面しているのは明快な選択ではないということだ。このメッセージの後半は前半を否定している。この人は、もし私が「ノー」と言ったら私を破滅させようと考えている。そんな人が私を心から愛し、私の幸せを願っているはずがあろうか。したがって私が直面している真の選択は、その両方の選択肢と矛盾している。どちらの選択肢の裏にも、私に対する憎しみ、あるいは少なくとも無関心と企みが潜んでいるのだ。一方、これと対象をなしている偽善もある。こういう言い方だ。「きみを愛している。きみの答がどうであろうと、ぼくは受け入れる。だからきみの拒絶がぼくを破滅させることになる（ということをきみが知っている）としても、心から望んでいるほうを選んでほしい。それがぼくにどんな結果をもたらすかなんて、いっさい考慮に入れないでほしい」。いうまでもなく、この言葉には相手を操作しようとする欺瞞が潜んでいる。いやならいやと言ってほしいという「正直な」主張は、「はいと言え」という無言の圧力になっているのだ。「こんなに愛しているぼくを拒むなんて、できるはずがないだろう?」

これで明らかになったように、ラカンは、人間の知覚と相互作用を支配する〈象徴界〉を、一種の超越的な先験的存在《ア・プリオリ》（あらかじめ与えられた、人間の実践の範囲を限定する形式的ネットワーク）として見なしているのではまったくない。彼が関心を寄せているのは、象徴化の身ぶりが集合的実践の過程といかに深く絡み合っているかということである。ラカンが象徴機能の「二重の運動」と呼ぶものの射程は、J・L・オースティンやジョン・サール以来の伝統によって発展させられた、発話の遂行的次元に関する標準的な理論をはるかに超えている。

象徴的機能は主体において二重の運動としてたちあらわれる。人間は自分の行動をひとつの対象に変えるが、それは、しかるべき時に、行動をその根本的な場所に戻してやるためである。あらゆる瞬間に働いているこの両義性の中に、行動と知が交代する機能の過程全体がある。[09]

この「二重の運動」をより明確にするためにラカンが挙げている歴史的な例は、その隠されている言及において、示唆的である。

第一に、われわれの社会において生産レベルで働いている人間は自分自身をプロレタリアートのランクに属していると考える。第二に、プロレタリアートに属し

ているという名目のもとに、彼はゼネストに参加する。(10)

ラカンがここで（明記せずに）言及しているのはジョルジ・ルカーチの『歴史と階級意識』である。この古典的マルクス主義の著作は一九二三年に出たが、広く読まれた仏訳は一九五〇年代半ばに出版された。ルカーチにとって、意識は、対象に関するたんなる知識とはまったく異なる。知識はその対象の外部にあるが、意識はそれ自体が「実践的」、すなわち対象そのものを変える行為である（ひとたび労働者が「自分自身をプロレタリアートに属していると考え」たなら、このことは彼の現実そのものを変え、彼は違ったふうに行動する）。人が何かをすると、その人は自分を、それをした者として自覚する（そしてそう宣言する）。そしてその宣言にもとづいて、その人は新たな何かをする。主体が変容するのは、行為の瞬間ではなく、宣言の瞬間である。この宣言の再帰的運動は以下のことを意味する。すなわち、すべての発話はなんらかの内容を伝達するだけでなく、同時に、主体がその内容にどう関わっているのかをも伝達するのである。どんなに現実的な対象や行動も、つねにそうした宣言的次元を含んでおり、それが日常生活のイデオロギーを構成している。けっして忘れてならないのは、実効性は反省的概念として機能するということである。実効性はつねに、意味としての実効性の主張を含んでいる。大都市に住み、（どうみても彼には役に立たない）四輪駆動車《ランドローバー》を所有している男は、たんにきまじめで現実主義的な生活を送っているだけではない。むしろ彼は、自分がきまじめで現実的な姿勢という旗印の下で生活していることを示すために、そのような車を所有しているのだ。ストーン・ウォッシュのジーンズをはくことは、人生に対するある特定の姿勢を示すことである。

そうした分析にかけては、クロード・レヴィ＝ストロースの右に出る者はない。彼にとっては食物も「思考の糧」である。三つの主な調理法（生、焼く、煮る）は記号的三角形として機能する。われわれはそれを用いて、自然（生）と文化（焼く）との基本的対立や、二つの対立物の媒介項（煮る）を象徴化する。ルイス・ブニュエルの映画『自由の幻想』には、摂食と排泄の関係を逆転させた、忘れられない場面がある。人びとがテーブルを囲んでそれぞれ便器の上に座り、談笑している。なにか食べたくなると、こっそり家政婦に「あの場所はどこだね？」とたずね、部屋の外にある小部屋にそっと入る。レヴィ＝ストロースの補足として、排泄物もまた「思考の糧」になりうると主張したくなる。西洋におけるトイレのデザインの三つの基本型は、レヴィ＝ストロースが考えた調理の三角形に対応する、排泄の三角形を構成している。伝統的なドイツのトイレは、排泄物が消えていく穴が前のほうについているので、便は水を流すまで目の前に横たわっていて、われわれは病気の徴候がないかどうか、臭いをかいで調べることができる。典型的なフランスのトイレは、穴が後ろのほうについているため、便はすぐさま姿を消す。最後にアメリカのトイレはいわば折衷型、つまり対立する二極の媒介で、トイレ

『自由の幻想』(1974年)

の中に水が満ち、便が浮くが、調べている暇はない。いまや忘れられた感のある『飛ぶのが怖い』〔一九七〇年代にアメリカでベストセラーになった自伝的小説。赤裸々な性描写や猥褻語が話題になった〕の冒頭における、ヨーロッパのさまざまなトイレのタイプをめぐる有名な議論のなかで、エリカ・ジョングがからかうように「実際、ドイツのトイレは『第三帝国』の恐怖を解明する鍵だ。こんなトイレを作ることのできる人たちは何でもやってのける」と述べているのも不思議ではない。この三つの型はいずれも、実用性という観点からではけっして説明がつかない。そこには、主体は自分の内部から出てくる不快な排泄物とどう関わるべきかについての、ある種のイデオロギー的知覚がはっきりと見てとれる。

ドイツ―フランス―イギリスの地理的三角形を三つの異なる実存的姿勢の表現と解釈した最

初の人物はヘーゲルである。ドイツの反省的徹底性、フランスの革命的性急さ、イギリスの中庸的な功利的実用主義。政治的スタンスの面でいえば、この三角形はドイツの保守主義、フランスの革命的急進主義、イギリスの穏健な自由主義と解釈できる。社会生活のどの面が優性かという点からみると、ドイツは形而上学と詩、フランスは政治学、イギリスは経済学だ。トイレを考えてみれば、排泄機能の実践という最も身近な領域にも、同じ三角形を見出すことができる。魅了され、じっくりと観察する、曖昧な態度。不快な余剰をできるだけ速やかに排除しようとする性急な姿勢。余剰物を普通の物として適切な方法で処理しようとする実用的なアプローチ。シンポジウムの席で「われわれはポスト・イデオロギー的世界に生きている」と熱弁をふるっていた学者も、白熱した議論の後、トイレに入ったとたんにふたたびイデオロギーにどっぷり浸かるのである。

この象徴的相互作用の宣言的次元を理解するために、人間関係のデリケートな状況を思い描いてみよう。ここに一組の夫婦がいる。彼らは浮気をしてもいいということを暗黙のうちに認め合っている。もしいきなり夫が、進行中の浮気について赤裸々に告白したら、当然ながら妻はパニックに陥るだろう。「もしただの浮気だったら、どうしてわざわざ私に話すの？ ただの浮気じゃないんでしょ？」何かについて公に報告するという行為は、中立的ではありえない。それは報告の内容そのものに影響を与える。相手はそれによって何ひとつ新しいことを知るわけではないが、告白はいっさいを変えてしまう。また、秘密の情事についてたんに何も話さないことと、それについては何も話さないと公言することとの間には大きな違いがある（「いいかい、ぼくには人間関係すべてを洗いざらいきみに話さない権利がある。ぼくの人生には、きみにはまったく関係のない部分があるんだから」）。後者の場合、暗黙の約束が明るみに出たとき、かならずやこの宣言そのものが更なる攻撃的なメッセージを発することになる。

われわれがここで論じているのは、人間の発話に本来そなわっている、言表された内容と言表行為との間の、還元不能な落差である。学問の世界で、同僚の話がつまらなかったり退屈だったりしたときの、礼儀正しい反応の仕方は「面白かった」と言うことである。だからもし私が同僚に向かって正直に「退屈でつまらなかった」と言ったとしたら、当然ながら彼は驚いて言うだろう。「でも、もし退屈でつまらないと思ったのなら、面白かったといえばいいじゃないか」。不幸な同僚は正しく見抜いたのだ――この率直な言明には何かそれ以上のものが含まれている、そこには自分の論文の質に関するコメントだけでなく、自分の人格そのものに対する攻撃が含まれているにちがいない、と。

アメリカ合衆国政府の高官が拷問を率直に認めたという出来事に関しても、これとまったく同じことがあてはまるのではなかろうか。アメリカでは拘置されているテロ容疑者に対して拷問が加えられているのではないかという懸念に対する、最も一般的で納得のいくように見えるのは、こういう釈明である。「何をそんなに大騒ぎするんだ？　合衆国は、われわれだけでなく他の国々もやっており、これまでもずっとやってきたことを認めているだけのことじゃないか。どちらかといえば、われわれのほうが正直だろ！」　だがこの釈明は単純な反論を呼ぶだろう。「もし合衆国の高官の言いたかったことがそれだけだとしたら、どうしてわざわざ今それを言うのだろうか。これまでと同じように、黙って拷問を続ければいいではないか」。ディック・チェイニーのような人びとが拷問の必要性について猥褻な議論を展開しはじめたら、こう問いただすべきなのだ。「テロ容疑者を密かに拷問したいのだったら、どうしてそれを公言するのだ？」　つまり、すべき質問はこうだ――この言明が含んでいるそれ以上のことは何か、すなわち、あなたがたにこれを言明させたものは何か？

　消極的言明についても同じことがあてはまる。公言するという余計な行為に劣らず、言及しない、あるいは隠すという行為は、付加的な意味を生み出す。二〇〇三年二月、イラク攻撃の正当性を訴えるために、コリン・パウエルが国連の会議場で演説したとき、アメリカの国連大使の要望で、演壇の後ろにあるピカソの『ゲルニカ』の複製に覆いがかけられた。公式の説明は、『ゲルニカ』はテレビ放映されるパウエルの演説の背景としてはふさわしくない、というものであったが、アメリカの国連大使が何を恐れていたのかは、誰の目にも明らかだった。『ゲルニカ』は、スペイン内戦時のゲルニカ市に、ドイツ軍による空爆がもたらした悲惨な結果を記念する絵である。この絵が、圧倒的に優勢なアメリカ空軍によるイラク空爆を主張するパウエルの演説の背景に使われたら、「誤った種類の連想」を生むかもしれない――それを懸念したのだ。「抑圧と抑圧されたものの回帰とはまったく同じ過程である」と述べたとき、ラカンが言わんとしたのはまさにこのことだ。もしアメリカの国連大使が覆いを掛けてほしいという要請を思いとどまっていたなら、たぶん誰もパウエルの演説と背景にある絵を結びつけたりしなかったであろう。要請という行為によって、連想と、その連想の正しさに注目が集まることになったのである。

ジェイムズ・ジーザズ・アングルトンというユニークな人物のことを思いだそう。究極の「冷戦の戦士」である。彼は一九七四年に解雇されるまでの二十年近くにわたって、CIAの対諜報活動機関の責任者をつとめ、CIA組織内に潜入したスパイを見つけ出す仕事をしていた。アングルトンはカリスマがあり、ひじょうに個性的で、教養があり、文学にも詳しかった(T・S・エリオットとは個人的親交があり、外見もエリオットに似ていた)が、妄想に耽る傾向があった。彼はいわゆるモンスター計画を固く信じていて、その信念にもとづいて任務に励んだ。モンスター計画とは、KGBの「組織内組織」によって構想された大規模な作戦で、その目的は西側の諜報ネットワークに潜入して完全に支配し、それによって西側世界を崩壊させることだった。そのためにアングルトンは、貴重な情報の提供を申し出たKGB離反者をほとんど全員追放し、時にはソ連に送り返しさえした（彼らは裁判にかけられ、銃殺された。本当に離反者だったのだから）。アングルトンの妄想のおかげで、結局、ＣＩＡの組織全体が麻痺してしまった。決定的なのは、彼が責任者だった間、ひとりのスパイも発見されず、逮捕もされなかったということである。アングルトンの部下のひとりだったクレア・ペティは、上司の誇大妄想をその論理的に自己否定的な結論へと推し進め、アナトリー・ゴリツィン（ＫＧＢ離反者。アングルトンはゴリツィンとの間に共有精神病《フォリ・ア・ドゥ》を形成したのである）*訳註03 はニセ離反者であり、アングルトン本人こそがアメリカの対ソ連諜報活動を麻痺させることに成功した大物スパイであるという結論を下した。

以下のような疑問を投じたくなる。もし本当にアングルトン自身がスパイで、スパイを捜索することによって自分の活動をごまかしていたとしたらどうだろう（アングルトンにとっては、ケヴィン・コスナー主演の『追いつめられて』〔容疑者に仕立てられた主人公が自分を捜索するという軍事ミステリー〕を地でいくようなものだったろう）。あるいはもし真のＫＧＢのモンスター計画が、モンスター計画というアイデアをＣＩＡに流し、それによってＣＩＡを麻痺させ、将来のＫＧＢ離反者がもたらすであろう情報をあらかじめ無効にしてしまうことだったとしたらどうだろう。いずれの場合においても、究極の欺瞞は真理そのものの姿を装うであろう。モンスター計画（モンスター計画のアイデアそのもの）はあった。ＣＩＡの中枢部にスパイ（アングルトン自身）がいた――ここにこそパラノイア的な立場の真理がある。その真理は、それが戦っている破壊的な計画そのものである。この解決の辛辣なところ——そしてアングルトンの妄想に対する究極の断罪——は、アングルトンがたんにモンスター計画に騙されていたのだとしても、アングルトンがスパイだったとしても、結果はまったく同じだということである。われわれが(世界的に広まった)疑惑の観念そのものを容疑者リストに加えることができない、というところに策略があるのだから。

窃盗を疑われている労働者をめぐる古い小話を思いだそう。毎夕、工場から帰るとき、警備員たちは彼が押している手押し車を丹念に調べたが、何も見つからなかった。手押し車はいつでも空だった。ついに警備員たちは突き止めた。彼が盗んでいたのは手押し車だったのだ。この反省的なひねりは、コミュニケーションそのものに特有のものである。コミュニケーション行為の内容に、行為そのものを含めることを忘れてはならない。個々のコミュニケーション行為の意味は、それがコミュニケーション行為であることを再帰的に主張するからである。無意識がどのように機能するかについて、これが最初に覚えておかねばならないことである。それは手押し車の中に隠されているのではなく、手押し車そのものなのである。

2

相互受動的な主体

マニ車を回すラカン

コロスとは何でしょうか。「それはあなただ」という人もいるでしょうし、「それはあなたではない」という人もいるでしょうが、問題はそういうことではありません。ここで問題なのは手段、それも感情の手段なのです。私の言いたいのは、コロスとは感動している人びとだということです。

ですから、劇において浄化されるのは観客の感情だと決めつける前に、劇をもう一度よく見てください。最終的に、劇的効果によって感情だけでなくその他のものも鎮められなくてはなりませんが、そのときに感情も浄化されます。でもこれは、感情が直接浄化されるということではありません。感情が浄化されることは疑いありませんし、観客は使われる素材の状態になっていますが、同時に、まったく無関心な素材の状態でもあります。あなたは夜に劇場にいるとき、ちょっとしたこと、たとえば昼間なくした万年筆のことや、次の日署名しなくてはならない小切手のことを考えているでしょう。観客なんてその程度のものです。舞台の健康な状態が、あなたの感情の面倒をみてくれます。コロスが面倒をみてくれます。コ

ロスが感情的注釈を与えてくれるのです。[11]

ラカンがここで描いているのはごくありふれた情景だ。人びとが劇場でギリシア悲劇の上演を楽しんでいる。だがラカンの解釈は、そこでは何か奇妙なことが起きていることを暴露する。すなわち、われわれの心の奥から自然に湧き上がってくる、泣くとか笑うといった感情や反応を、誰か他人——この場合はコロス——が引き取り、われわれの代わりに経験してくれるらしい。いくつかの社会でこれと同じ役割を演じているのが、いわゆる「泣き女」(葬儀で泣くために雇われる女性たち)である。彼女たちが、死者の親類たちに代わって、嘆き悲しむという光景を演じてくれるおかげで、親類はもっと有益なこと(たとえば遺産の分割)に時間を使うことができる。チベットのマニ車においても、これと似たようなことが起きている。経文の書かれた紙を車につけて機械的に回せば(もっと実用的なマニ車だと、風や水の力で回る)、マニ車が私の代わりに祈ってくれるのだ。スターリン主義者ならばこう言うだろう——たとえ私の頭は猥褻きわまりない性的空想に耽っていたとしても、「客観的」には私は祈っているのだ。そうしたことが起きるのは、いわゆる「未開」社会だけではない。テレビのお笑い番組の、録音された笑い声を思い出してみよう。おかしな場面に対する笑いの反応が、あらかじめサウンドトラックに録音されている。たとえ一日の辛い労働の後で疲れ果てた私が、笑わずにただ画面をじっと観ていたとしても、番組が終わったときには、サウンドトラックが私の代わりに笑ってくれたおかげで、私はずいぶん疲れがとれたような気になる。

この奇妙なプロセスを正しく把握するためには、相互能動性＝双方向性（interactivity）という最新流行の概念を、その不気味な分身である相互受動性（interpassivity）によって補完しなくてはならない[12]。最新の電子メディアによってテクストあるいは芸術作品の受動的消費は終わったとよく言われる。人びとはもはやたんにスクリーンを眺めているだけでなく、積極的に参加し、スクリーンと対話する（プログラムを選ぶ、ヴァーチャル・コミュニティの討論会に参加する、さらに、いわゆる「双方向小説」では直接に物語の結末を決める）。この新しいメディアの民主主義的潜在力を礼讃する人びとはたいてい、まさしくそうした特徴に注目している――サイバースペースにおいては、人びとは、他人が演じる見世物をただ観ている受動的観客の役割を脱ぎ捨て、能動的に見世物に参加するだけでなく、見世物のルールを決めることにも参加するのだ、と。

そうした双方向性の裏返しが相互受動性である。（たんに受動的にショーを観ている代わりに）能動的に対象に働きかけるという状況を裏返せば、次のような状況が生まれる。すなわち、対象そのものが私から私自身の受動性を奪い取り、その結果、対象そのものが私の代わりにショーを楽しみ、楽しむという義務を肩代わりしてくれる。強迫的に映画を録画しまくるビデオ・マニア（私もそのひとりだ）ならほとんど誰もが知っているはずだ——ビデオデッキを買うと、テレビしかなかった古き良き時代よりも観る映画の本数が減るということを。われわれは忙しくてテレビなど観ている暇がないので、夜の貴重な時間を無駄にしないために、ビデオに録画しておく。後で観るためだ（実際にはほとんど観る時間はない）。実際には映画を観なくとも、大好きな映画が自分のビデオ・ライブラリに入っていると考えるだけで、深い満足感が得られ、時には深くリラックスし、無為（far niente）という極上の時を過ごすことができる。まるでビデオデッキが私のために、私の代わりに、映画を観てくれているかのようだ。ここではビデオデッキが〈大文字の他者〉、すなわち象徴的登録の媒体を体現している。今日ではポルノですらますます相互受動的な働きをしている。もはやポルノ映画はユーザーを興奮させ、孤独な自慰行為に駆り立てるための手段ではない。「行為がおこなわれている」スクリーンを観ているだけで充分であり、私の代わりに他人がセックスを楽しんでいるのを観察するだけで、私たちは満足する。

相互受動性の例をもうひとつ挙げよう。誰かが悪趣味なつまらない冗談を言い、まわりが笑ってくれないと、「こいつは面白い！」とか言いながら自分ひとりで大笑いする、という誰もが知っている気まずい状況だ。その人物は、聴衆に期待された反応を自分でやってみせたのだ。この状況は、あらかじめ録音された笑いと似ているが、やはり違う。どちらの場合にお いても、たとえ全然面白いと思わなくても、われわれは代理人を通じて笑っているわけだが、ひとりで大笑いする場合は、その代理人が無名の〈大文字の他者〉、すなわち目に見えない人工的な大衆ではなくて、冗談を言った本人だ。彼の強迫的な笑いは、われわれがつまずいたり何か馬鹿げたことをしでかしたりするときに思わず口にする「おっと!」に似ている。この「おっと!」の不思議なところは、私の失態を目撃した誰か他人が私の代わりに「おっと!」と言うことも可能であり、実際それでうまくいくということである。「おっと!」の機能は、私の失態の象徴的登録を実行することであり、私の失態を仮想的な〈大文字の他者〉に知らせることである。次のような微妙な状況を思い出してみよう。閉ざされた集団の全員が、ある醜悪な事実を知っている(しかも「全員が知っている」ということを全員が知っている)。にもかかわらず、誰かがその事実を不注意に口にすると、全員が動揺してしまう。なぜか。口にされたのは誰にとっても耳新しい事実ではないにもかかわらず、どうして誰もが当惑するのだろうか。それは、知らないふりをする(知らないかのようにふるまう)ことができなくなったから、いいかえれば、いまや〈大文字の他者〉がそれを知っているからだ。そこにハンス・クリスティアン・アンデルセンの「はだかの王様」の教訓がある。見かけの力をけっして見くびってはならない。うっかり見かけを攪乱してしまうと、見かけの裏にある物自体が壊れてしまうことがある。

この相互受動性の対極にあるのが、ヘーゲルのいう「理性の狡知(List der Vernunft)」である。

そこでは、私は〈大文字の他者〉を通じて能動的である。私は受動的なまま後ろに下がって座っており、〈大文字の他者〉が私の代わりになんでもやってくれる。私がハンマーで鉄を打つ代わりに、機械がやってくれる。私が自分で水車を回す代わりに、水がやってくれる。私と、私が働きかける対象との間に、別の自然な対象を挿入することによって、私は目的を達成する。同じことは人間と人間のあいだでも起こりうる。私はじかに敵を攻撃する代わりに、彼と別の人間とのあいだに諍いが起きるように仕向け、彼ら二人が互いを滅ぼし合うのを遠くから眺めていればいい（ヘーゲルによれば、そのようにして絶対的な〈観念〉は全歴史を通じて支配する。観念は闘争の外側にいて、人間の熱情が互いに闘うよう仕向けている。古代ローマにおける共和制から帝政への移行の歴史的必然性は、ユリウス・カエサルの情熱と野心を道具として用いることで実現された）。それとは反対に、相互受動性においては、私は〈大文字の他者〉を通じて受動的である。私は自分の経験の受動的な側面（楽しむこと）を〈大文字の他者〉に譲り渡し、私自身は能動的に働き続ける（私が夜遅くまで働いている間に、ビデオデッキが私の代わりに受動的に楽しんでいる。泣き女たちが私の代わりに嘆き悲しんでいる間に、私は死者の遺産の配分を考えている）。これらのことは偽りの行動（false activity）という概念を思い出させる。人は何かを変えるために行動するだけでなく、何かが起きるのを阻止するために、つまり何ひとつ変わらないようにするために、行動することもある。これこそが強迫神経症者の典型的な戦略である。現実界的《リアル》なことが起きるのを阻止するために、彼は狂ったように能動的になる。たとえばある集団の内部でなんらかの緊張が爆発しそうなとき、強迫神経症者はひっきりなしにしゃべり続ける。そうしないと、気まずい沈黙が支配し、みんながあからさまに緊張に立ち向かってしまうと思うからだ。精神分析治療において、強迫神経症者は休みなくしゃべり続け、逸話や夢や思いつきを次から次へと分析家に浴びせる。彼らの絶え間ない活動はその背後にある恐怖、すなわち、もし一瞬でも話すのをやめたら分析家は核心を突く質問をしてくるだろう、という恐怖に支えられている。いいかえると、彼らは分析家を黙らせておくためにしゃべり続けるのだ。

今日の進歩的な政治の多くにおいてすら、危険なのは受動性ではなく似非能動性、すなわち能動的に参加しなければならないという強迫感である。人びとは何にでも口を出し、「何かをする」ことに努め、学者たちは無意味な討論に参加する。本当に難しいのは一歩下がって身を引くことである。権力者たちはしばしば沈黙よりも危険な参加をより好む。われわれを対話に引き込み、われわれの不吉な受動性を壊すために。何も変化しないようにするために、われわれは四六時中能動的でいる。このような相互受動的な状態に対する、真の批判への第一歩は、受動性の中に引き籠もり、参加を拒否することだ。この最初の一歩が、真の能動性への、すなわち状況の座標を実際に変化させる行為への道を切り開く。

この偽りの能動性と似たものは、プロテスタントの〈予定説〉にも見出される。〈予定説〉

の逆説は、われわれの運命はあらかじめ決まっており、われわれが救済されるか否かはわれわれの行為とは関わりがないと主張する神学が、資本主義、すなわち人類の歴史において最も狂乱的な生産活動の引き金となった社会システムの合法化として役に立ったということである。物事はあらかじめ決まっているという事実、すなわち、われわれは運命の受動的な犠牲者にすぎないという事実そのものが、われわれを絶え間ない熱狂的な活動へと駆り立てる。われわれは〈大文字の他者〉(この場合は神)の不変性を支えるために働き続けるのである。

このように、われわれが心の一番奥底に秘めている感情や態度を、なんらかの姿をした〈大文字の他者〉のもとへ移し替えるということが、ラカンのいう〈大文字の他者〉の概念のいちばんの中核にある。それは感情だけでなく信仰や知識にもあてはまる。すなわち〈大文字の他者〉はわれわれの代わりに信じたり知ったりすることができる。このような、主体の知を他者の知に置き換えるという行為を説明するために、ラカンは〈知っ﹅て﹅い﹅る﹅と﹅想﹅定﹅さ﹅れ﹅る﹅主﹅体﹅〉という概念を導入した。テレビの「刑事コロンボ」シリーズでは、犯罪——殺人行為——があらかじめ詳細に描かれる。したがって、解かれるべき謎は「誰がやったのか」ではなく、刑事がいかにして欺瞞的な表面(フロイトの夢理論の用語を使えば、犯罪場面の「顕在内容」)と犯罪についての真理(その「潜在思考」)を結びつけるか、彼がいかにして犯人にその罪を証明するか、である。「刑事コロンボ」シリーズが大ヒットしたという事実は、刑事の仕事に対する関心の真の源泉が、謎の解明のプロセスそのものであって、その結果ではないことを証明している。

この特徴よりもっと重要なのは、誰がやったのかをわれわれ視聴者はあらかじめ知っている（じかに目撃するのだから）ということだけでなく、理由はわからないが、刑事コロンボもまたすぐにそれを見抜くということである。犯行現場を訪れ、犯人に出会った瞬間、彼は絶対的確信を得る。犯人がそれをやったのだということを、彼はたんに知っている。彼はその後、「誰がやったのか」という謎を解くためではなく、犯人の罪をいかにして犯人に証明するかをめぐって、努力するのである。ふつうの順序が奇妙に逆転されているのだが、ここには神学的な意味がある。真の宗教的信仰においては、私はまず神を信じ、それから、自分の信仰を根拠として、自分の信仰の真実性を示す証拠が得られるようになる。ここでもまた、コロンボは、神秘的な、だがそれにもかかわらず絶対的な確信によって、誰がやったのかを最初から知っており、しかる後に、この絶対的な知にもとづいて、証拠を集めていくのである。

多少の違いはあるが、精神分析治療において、〈知っていると想定される主体〉としての分析家はそれと同じ役割を演じる。患者は治療を受けることになった瞬間、「この分析家は私の秘密を知っている」という絶対的な確信を得る（これが意味しているのはたんに、患者は秘密を隠しているという罪悪感を最初から抱いており、彼の行動には実際に隠された意味がある、ということだ）。分析家は経験主義者ではない。さまざまな仮説を駆使して患者を探り、証拠を探すわけではない。

そうではなく、分析家は患者の無意識的欲望の絶対的確信（ラカンはそれをデカルトの「我思う、ゆえに我あり」に譬えている）を体現しているのだ。ラカンによれば、自分が無意識の中ですでに知っていることを分析家に移し替えるという、この奇妙な置換こそが、治療における転移現象のいちばんの中核である。「分析家は私の症候の無意識的な意味をすでに知っている」と仮定したときにはじめて、患者はその意味に到達できる。フロイトとラカンの違いはどこにあるか。フロイトは、相互主観的な関係としての転移の心的力学に関心を向けた（患者は父親に対する感情を分析家に向ける。だから患者が分析家について語っているとき、「じつは」父親について語っている）。ラカンは、転移現象の経験的豊富さにもとづいて、仮定された意味の形式的構造を推定した。

転移は、より一般的な規則の一例にすぎない。その規則とは、新たな発明というのは、過去の最初の真理に戻るという錯覚的な形式においてのみなされるということである。プロテスタンティズムに話を戻すと、ルターはキリスト教の歴史において最大の革命を成し遂げたが、彼自身は、数世紀にわたるカトリックの堕落によって不明瞭になっていた真理を掘り起こしただけだと考えていた。民族復興についても同じことがいえる。民族集団が国民国家を建設するとき、彼らはふつうこの政体を古代の忘れられた民族的ルーツへの回帰として公式化する。彼らが気づいていないのは、彼らの「回帰」そのものが、回帰すべき対象を形作っているということだ。伝統への回帰とは、伝統を発明することに他ならない。歴史家なら誰でも知っているように、（今日知られているような形の）スコットランドのキルト〔巻きスカート〕は十九世紀に発明されたものである。

ラカンの多くの読者が見落としているのは、〈知っていると想定される主体〉というのは、副次的な現象であり、ひとつの例外にすぎない。つまりそれは信じていると想定される主体という、より根本的な背景の前にあらわれるということである。この信じていると想定される主体こそが象徴的秩序の本質的特徴である。[13] ある有名な人類学的な逸話によれば、迷信的な信仰（たとえば自分たちの祖先は魚あるいは鳥だという信仰）をもっているとされる未開人が、その信仰について直接に尋ねられた際、こう答えたという。「もちろんそんなことは信じていない。私はそんなにばかじゃない。でも先祖の中には実際に信じていた人がいたそうだ」。要するに、彼らは自分たちの信仰を他者に転移していたのである。われわれも子どもに対して同じことをしているのではなかろうか。われわれがサンタクロースの儀式をおこなうのは、子どもが信じている（と想定される）からであり、子どもを失望させたくないからだ。いっぽう、子どものほうも、おとなを失望させないために、そして子どもは素朴だというわれわれおとなの信仰を壊したくないために（そしてもちろん、ちゃっかりプレゼントをもらうために）、信じているふりをする。「本気で信じている」他人を見つけ出したいというこの欲求は、同時に、他者に宗教的あるいは民族的原理主義者の烙印を押したいという欲求を駆り立てるのではなかろうか。なにか不気味なかたちで、ある種の信仰はつねに遠くで機能するように見える。信仰が機能するためには、何かそれの究極の保証者、真の信者がいなければならない。だがその保証者はつねに遠ざけられ、疎んじられ、本人があらわれることはけっしてない。では、いかにして信仰は可能なのか。この遠ざけられた信仰の悪循環はいかにして短絡するのか。むろん重要な点は、信仰がちゃんと機能するためには、素直に信じている主体が存在する必要はまったくないということだ。その主体の存在を仮定するだけでいい、その存在を信じるだけでいいのだ。それは、われわれの現実の一部ではない、神話的な創造者という形であってもいいし、人格を保たない役者であってもいいし、不特定の代理人でもいいのだ。「彼らはこう言っている／そう言われている」。

少なくともこれが今日の、つまり「ポスト・イデオロギー的」とみずから称している時代における、信仰の支配的な状況だと思われる。ニールス・ボーアは、「神はサイコロを振らない」と言ったアインシュタインに対し、的確な答を返した（「何をすべきかを神に命令するな」）が、彼はまた、物神崇拝的な信仰否認がいかにしてイデオロギー的に機能するかについての完璧な例を提供してくれる。ボーアの家の扉には蹄鉄が付いていた。それを見た訪問者は驚いて、自分は蹄鉄が幸福を呼ぶなどという迷信を信じていないと言った。ボーアはすぐに言い返した。「私だって信じていません。それでも蹄鉄を付けてあるのは、信じていなくても効力があると聞いたからです」。おそらくこれが、生活と世界の中心的カテゴリーとして「文化」が浮上してきた理由である。宗教に関していえば、われわれはもはや「本気で信じて」はおらず、自分が属している共同体の「ライフスタイル」への敬意の一部として、たんに（さまざまな）宗教的儀式や行動に従っているにすぎない（たとえば、信仰をもたないユダヤ人が「伝統に敬意を表するため」にユダヤの伝統的料理規則に従う）。「本気で信じてはいない」。たんに私の文化の一部なのだというのが、われわれの時代の特徴である、遠ざけられた信仰の一般的な姿勢であろう。「文化」とは、われわれが本気で信じず、真剣に考えずに実践していることすべてを指す名称である。だからこそわれわれは原理主義的な信者たちを、本気で信じている「野蛮人」だ、反文化的だ、文化への脅威だとして軽蔑するのだ。

どうやらわれわれがここで論じているのは、ずっと昔にブレーズ・パスカルが描き出した現象のようだ。パスカルは、信仰を持ちたいのに信仰への飛躍がどうしてもできない非信者への助言の中で、こう述べている。「跪いて祈り、信じているかのように行動しなさい。そうすれば信仰は自然にやってくるだろう」。あるいは、現代の「断酒会」はもっと簡潔にこう言っている。「できるふりをしろ。できるようになるまで」。しかし今日、文化的ライフスタイルへの忠誠心から、われわれはパスカルの論理を逆転する。「あなたは自分が本気すぎる、信じすぎると思うのですね。自分の信心が生々しく直接的すぎるために息苦しいのですね。それなら跪いて、信じているかのように行動しなさい。そうすれば信仰を追い払うことができるでしょう。もはや自分で信じる必要はないのです。あなたの信仰は祈りの行為へと対象化されたからです」。つまり、自分の信仰を大事にするためにではなく、信仰が侵入してくるのを追い払い、一息つくスペースを確保するために跪くのだとしたらどうだろう。信じる——媒介なしに直接に信じる——という苦しい重荷を、儀式を実践することによって誰か他人に押しつけてしまえばいいのだ。(14)

ここから、われわれは象徴的秩序の次なる特徴、すなわちその非心理的な性質へと向かうことになる。私が他人を通じて信じるとき、あるいは自分の信仰を儀式へと外在化し、その儀式に機械的に従うとき、あるいはあらかじめ録音された笑いを通じて笑うとき、あるいは泣き女を媒介して喪の仕事をおこなうとき、私は自分の内的な感情や信仰に関わる仕事を、それらの内的な状態を動員することなく、やり遂げている。そこに、われわれが「礼儀」と呼ぶものの謎にみちた状態がある。私は知人に会うと、手を差し出し、「やあ（会えてうれしいよ）、元気？」と言う。私が本気で言っているのではないことは、両者とも了解している（もしその知人の心に「この人は私に本当に関心をもっているのだろうか」という疑念が芽生えたら、その人は不安になるだろう。彼の個人的なことに首を突っ込もうとしているのではないか、と。古いフロイト的なジョークを言い換えるとこうなる。「どうして会えてうれしいなんて言うんだ？　会えてうれしいと本気で思っているくせに」）。ただし、私の行為を偽善的と呼ぶのは誤りだ。別の見方をすれば、私は本当にそう思っているのだから。礼儀正しい挨拶は、われわれ二人の間にある一種の契約を更新しているのだ。同様に、私はあらかじめ録音された笑いを通じて「本気で」笑っているのである（それが証拠に、私は実際に気分が楽になる）。

これが意味するのは、私が自分の選んだ仮面（偽りの人格）を通じて演じる感情は、どういうわけか、自分自身の内部で感じていると思っている感情よりもずっとリアルだということである。自分自身の偽りのイメージを作り上げ、自分が参加しているヴァーチャル・コミュニティでそのイメージを使うとき（たとえば性的なゲームでは、内気な男はしばしば魅力的で淫蕩な偽人格 screen persona をまとう）、その偽人格が感じ、装う感情はけっして偽りのものではない。真の自己（だと自分で思っているもの）がそれを感じているわけではないにもかかわらず、ある意味ではそれは本物の感情である。たとえば私は心の奥底ではサディストで、他の男をぶちのめし、女を強姦することを夢想しているとする。実生活において、他人に対してこの真の自己をあらわすことは許されていない。そこで私はもっと謙虚で礼儀正しい仮面をかぶる。この場合、実生活における態度のほうが仮面で、私の真の自己は、私が虚構の偽人格として選んだもののほうに近いのではなかろうか。逆説的だが、私がまさにこの事実を実感するのは、サイバースペースで、つまり真の自己をあらわせるような虚構の中で動いているときだ。これこそ、他の何にもまして、ラカンが「真理は虚構の構造をしている」という言葉によって言わんとしたことである。真理の虚構性によって、われわれはまた「実話」を描くテレビ番組の虚偽を明快に説明することができる。そこで描かれた生活は、カフェイン抜きコーヒーと同じくらいリアルだ。要するに、たとえそうした番組に描かれたものが「本当のこと」だとしても、人びとはその中で依然として演技している。彼ら自身を演じているのである。小説の標準的な「断り書き」(「この小説の登場人物はすべて架空であり、実在の人物と似ていたとしてもそれはまったくの偶然です」)は、実話物の出演者にもあてはまる。彼らは、たとえ実際に彼ら自身を演じているとしても、架空の登場人物なのである。あるスロヴェニアの作家が最近用いた、「断り書き」の皮肉なパロディは、実話テレビ番組への最良のコメントになっている。「以下の小説の登場人物はすべて架空であり、実在ではありません。しかし私が実生活で知っている人びともほとんど架空なので、この断り書きには大した意味はありません」。

マルクス兄弟の映画の一本で、嘘を見破られたグルーチョが怒って言う。「おまえはどっちを信じるんだ？　自分の眼か、おれの言葉か？」この一見ばかばかしい論理は、象徴的秩序の機能を完璧に表現している。社会的仮面のほうが、それをかぶっている個人の直接的真実よりも重要なのである。この機能は、フロイトのいう「物神崇拝的否認」の構造を含んでいる。「物事は私の目に映った通りだということはよく知っている。私の目の前にいるのは堕落した弱虫だ。それにもかかわらず私は敬意をこめて彼に接する。なぜなら彼は裁判官のバッジをつけているので、彼が話すとき、法が彼を通して語っているのだ」。ということは、ある意味で、私は自分の眼ではなく彼の言葉を信じているのだ。確固たる現実しか信じようとしない冷笑者《シニック》がつまずくのはここだ。裁判官が語るとき、その裁判官の人格という直接的現実よりも、彼の言葉（法制度の言葉）のほうに、より多くの真実がある。自分の眼だけを信じていると、肝腎なことを見落としてしまう。この逆説は、ラカンが「知っている［騙されない］人は間違える（Les non-dupes errent）」という言葉で言い表そうとしたことだ。象徴的機能に目を眩まされることなく、自分の眼だけを信じ続ける人は、いちばん間違いを犯しやすいのである。自分の眼だけを信じている冷笑者が見落としているのは、象徴的虚構の効果、つまりこの虚構がわれわれの現実を構造化しているということである。美徳について説教する腐敗した司祭は偽善者かもしれないが、人びとが彼の言葉に教会の権威を付与すれば、彼の言葉は人びとを良き行いへと導くかもしれない。

私の直接的な心理的アイデンティティと象徴的アイデンティティ（私が〈大文字の他者〉にとって、あるいは〈大文字の他者〉において何者であるかを規定する、象徴的な仮面や称号）との間のこの落差が、ラカンのいう「象徴的去勢」であり、そのシニフィアンはファロス（男根）である。[15] なぜラカンにとって、ファロスはたんなる授精のための器官ではなく、シニフィアンなのか。伝統的な即位式や任官式では、権力を象徴する物が、それを手に入れる主体を、権力を行使する立場に立たせる。王が手に錫杖をもち、王冠をかぶれば、彼の言葉は王の言葉として受け取られる。こうしたしるしは外的なものであり、私の本質の一部ではない。私はそれを身につける。それを身にまとって、権力を行使する。だからそれは、ありのままの私と私が行使する権力との落差（私は自分の機能のレベルでは完全ではない）を生み出すことによって、私を「去勢」する。これが悪名高い「象徴的去勢」の意味である。この去勢は、私が象徴的秩序に取り込まれ、象徴的な仮面あるいは称号を身にまとうという事実そのものによって起きる。去勢とは、ありのままの私と、私にある特定の地位と権威を与えてくれる象徴的称号との、落差のことである。この厳密な意味において、それは、権力の反対物などではけっしてなく、権力と同義である。その落差が私に権力を授ける。したがってわれわれはファロスを、私の存在の生命力をじかに表現する器官としてではなく、一種のしるし、王や裁判官がそのしるしを身につけるのと同じように私が身につける仮面である。ファロスはいわば身体なき器官であり、私はそれを身につけ、それは私の身体に付着するが、けっしてその器官的一部とはならず、ちぐはぐではみ出た人工装着物として永遠に目立ち続ける。

この落差がある以上、主体は自分の象徴的仮面あるいは称号とぴったり同一化することができない。だから主体は自分の象徴的称号に疑問を抱く。これがヒステリーだ。[16]「どうして私は、あなたが言っているような私なのか」。あるいはシェイクスピアのジュリエットの言葉を借りれば、「どうして私はその名前なの?」「ヒステリー」と「歴史《ヒストリア》」との間の類似性には真実が含まれている。主体の象徴的アイデンティティはつねに歴史的に決定され、ある特定のイデオロギー的内容に依存している。これこそが、ルイ・アルチュセールが「イデオロギー的問いかけ」と呼んだものである。われわれに与えられた象徴的アイデンティティは、支配的なイデオロギーがわれわれにどのように――市民として、民主主義者として、キリスト教徒として――「問いかけ」たかの結果である。ヒステリーは、主体が自分の象徴的アイデンティティに疑問を抱いたとき、あるいはそれに居心地の悪さを感じたときに起きる。「あなたは私のことをあなたの恋人だとおっしゃる。私をそのようにした、私の中にあるものは何? 私の中の何が、あなたをして私をこんなふうに求めさせるのでしょう?」『リチャード二世』はヒステリー化をめぐるシェイクスピアの至高の作品である(対照的に『ハムレット』は強迫神経症をめぐる至高の作品だ)。王が、自分が王であることに対してしだいに疑問を膨らませていく、というのがこの劇のテーマだ。私を王たらしめているのは何か。「王」という象徴的称号が取り去られたとき、私の何が残るのか。

私には名がない、称号もない。
洗礼のときに与えられた名前もない。

それも奪われてしまった。なんと悲しいことか。
いくたびも冬をしのいできたこの身が、
今になって、自分を呼ぶ名前がないとは。
ああ、この身が雪だるまの王であればよかった。
そうすれば、ボリングブルック〔リチャードに退位を迫るヘンリー〕という太陽に照らされて
溶けて、水しずくとなって流れ去ることもできたろうに！〔第四幕第一場〕

スロヴェニア語訳では、二行目が「どうして私は私なのか」と訳されている。これは明らかに詩的に意訳しすぎだが、彼の窮地の核心を表現していることは確かだ。象徴的称号を剥奪されたリチャードのアイデンティティは、陽に当たった雪だるまのように溶けてしまう。

ヒステリー患者にとって一番の問題は、自分が何者であるか（自分の真の欲望）と、他人は自分をどう見て、自分の何を欲望しているのかを、いかに区別するかである。このことはわれわれをラカンのもうひとつの公式、「人間の欲望は他者の欲望である」へと導く。ラカンにとって、人間の欲望の根本的な袋小路は、それが、主体に属しているという意味でも対象に属しているという意味でも、他者の欲望だということである。人間の欲望は他者の欲望であり、他者から欲望されたいという欲望であり、何よりも他者が欲望しているものへの欲望である。アウ

グスティヌスがよく承知していたように、羨望と怨恨とが人間の欲望の本質的構成要素である。ラカンがしばしば引用した『告白』の一節を思い出してみよう。アウグスティヌスはそこで、母親の乳房を吸っている弟に嫉妬している幼児を描いている。

私自身、幼児が、まだ口もきけないのに、嫉妬しているのを見て、知っています。青い顔をして、きつい目つきで乳兄弟を睨みつけていました。〔『告白』第一巻第七章〕

ジャン＝ピエール・デュピ(17)はこの洞察にもとづいて、ジョン・ロールズの正義論に対する納得のゆく批判を展開している。ロールズ的な正しい社会のモデルにおいては、不平等は、社会階層の底辺にいる人びとにとっても利益になりさえすれば、また、その不平等が相続した階層にはもとづいておらず、偶然的で重要でないと見なされる自然な不平等にもとづいている限り、許される。(18)ロールズが見落としているのは、そうした社会はかならずや怨恨の爆発の諸条件を生み出すだろうということである。そうした社会では、私の低い地位はまったく正当なものであることを私は知っているだろうし、自分の失敗を社会的不正のせいにすることはできないだろう。

ロールズが提唱するのは、階層が自然な特性として合法化されるような恐ろしい社会モデルである。そこには、あるスロヴェニアの農夫の物語に含まれた単純な教訓が欠けている。その農夫は善良な魔女からこう言われる。「なんでも望みを叶えてやろう。でも言っておくが、おまえの隣人には同じことを二倍叶えてやるぞ」。農夫は一瞬考えてから、悪賢そうな微笑を浮かべ、魔女に言う。「おれの眼をひとつ取ってくれ」。今日の保守主義者たちですら、ロールズの正義の概念を支持するだろう。二〇〇五年十二月、新しく選ばれた英国保守党の党首デイヴィッド・キャメロンは、保守党を恵まれない人びとの擁護者に変えるつもりだと述べ、こう宣言した。「あらゆる政治にとっての試金石は、もてない者、すなわち社会の底辺にいる人びとに対して何ができるかということであるべきだ」。不平等が人間外の盲目的な力から生じたと考えれば、不平等を受け入れるのがずっと楽になる、と指摘したフリードリヒ・ハイエク[19]ですら、この点では正しかった。したがって、自由市場資本主義における成功あるいは失敗の「不合理性」の良い点は（市場は計り知れない運命の近代版だという古くからのモチーフを思い出そう）、そのおかげで私は自分の失敗（あるいは成功）を、「自分にふさわしくない」、偶然的なものだと見なせるということである。まさに資本主義の不正そのものが、資本主義の最も重要な特徴であり、これのおかげで、資本主義は大多数の人びとにとって許容できるものなのだ。

ラカンは、ニーチェやフロイトと同じく、平等としての正義は羨望にもとづいていると考える。われわれがもっていない物をもち、それを楽しんでいる人びとに対する羨望である。正義への要求は、究極的には、過剰に楽しんでいる人びとを抑制し、誰もが平等に楽しめるようにしろという要求である。この要求の必然的帰結は、いうまでもなく禁欲である。平等に楽しむことを強要することはできない。われわれに強要できるのは、みんなが平等に禁止することである。しかしながら忘れてならないのは、今日のいわゆる寛容な社会においては、この禁欲主義はそれの正反対の形、すなわち「楽しめ！」という一般化された命令の形をとるということである。われわれはすべてこの命令に呪縛されており、その結果、われわれの楽しみはかつてないほど妨害されている。ナルシシズム的な自己実現と、ジョギングをして健康食品をたべるという禁欲的な規律とを合体させているヤッピーを思い出そう。おそらく、ニーチェが「末人《ラスト・マン》（末期の人間）」という概念を発想したとき、念頭にあったのはそういう人間ではなかろうか。今になってようやく「末人」の輪郭が見えてきた。それは広く流布した快楽主義的禁欲主義という姿をしている。現代の市場には、ありとあらゆる種類の、有害物質を除去した食品が溢れている。カフェイン抜きコーヒー、脂肪のないクリーム、アルコールの入っていないビール、等々。ヴァーチャル・セックスというのは「セックス抜きのセックス」、死者（もちろん味方の）を出さない戦争というコリン・パウエルの主義は「戦争抜きの戦争」、政治を専門家による行政力として解釈し直そうという最近の風潮は「政治抜きの政治」、リベラルな多文化主義というのは、〈他者性〉を抜き取った〈他者〉の経験ではなかろうか（魅惑的なダンスを踊り、現実に対してエコロジー的に健康的で全人的《ホリスティック》なアプローチをするという理想化された〈他者〉のイメージばかりが強調され、妻を殴るといった面は表に出されない）。ヴァーチャル・リアリティは、実質を抜き取られた製品を提供するというこの手続きを明快に単純化している。それは実質を、すなわち抵抗する〈現実界〉の中核を抜き取られた現実《リアリティ》そのものを提供する。カフェイン抜きのコーヒーが本物ではないにもかかわらず匂いも味も本物と同じであるように、ヴァーチャル・リアリティは現実ではないにもかかわらず現実として体験される。すべてが許される。われわれはなんでも楽しめる。それを危険にするような実質が除去されてさえいれば。

「私が欲するものから私を守って」というジェニー・ホルツァー*訳註04の有名な宣言は、ヒステリーの立場の根本的な両義性をじつに正確に表現している。このフレーズは標準的な男性優位主義者の智恵への皮肉を込めた言及とも読める。その智恵とは、女は放っておくと自己破壊的な怒りに身を委ねる危険性があるので、好意的な男性の支配によって女自身から守られねばならないということだ。つまり、「私の中にあって、私には抑えることができない、過剰な自己破壊的欲望から、私を守って」。いっぽう、もっとラディカルな読み方をすれば、このフレーズは、今日の父権的社会において女の欲望は根源的に阻害されているという事実を指している。女は、男が望んでいること、つまり男から欲望されることを欲望する。この場合、「私が欲するものから私を守って」という言葉は次のような内容を意味する。「まさに私が自分の本当に心の奥底から望んでいることを表現しているように見えるとき、その『私が欲すること』はすでに父権的秩序によって私に押しつけられたものだ。父権的秩序は私に、何を欲するべきかを指示するのだ。したがって私の解放の第一条件は、私の阻害された欲望の悪循環を断ち、私の欲望を自立的に公式化することだ」。これとまったく同じ両義性が、一九九〇年代初頭にバルカン戦争を眺めていた西側のリベラルな視線の中にも、明らかに見てとることができたのではなかったか。一見したところ、西側の介入は、「私の欲するものから私を守って」、つまり民族浄化や輪姦へと導いた自己破壊的な情熱から私を守って、というバルカン諸国の無言の訴えに答えたものであるかのように見えた。だが、「私の欲するものから私を守って」というバルカン諸国の想像上の呼びかけを、右に挙げた後者のように読んだらどうだろう。この欲望の非整合性をまるごと受け入れること、そして欲望自身の解放を妨害しているのは欲望そのものであることをじゅうぶん受け入れること、これがラカンの苦い教訓である。

このことはわれわれをふたたび〈知っていると想定される他者〉へと連れ戻す。それはヒステリー患者にとって究極の〈他者〉であり、彼あるいは彼女のたえざる挑発の標的である。ヒステリー患者が〈知っていると想定される他者〉に期待するのは、ヒステリー的な行き詰まりを打開してくれる解決法、すなわち「私は誰か。私は、本当は何を欲しているのか」という問いに対する最終的な回答である。分析家はこの罠にはまってはならない。治療の間、分析家は

〈知っていると想定される他者〉の地位を占めているが、分析家の戦略はその地位を掘り崩し、人の欲望に対する保証は〈大文字の他者〉の中にはないということを患者に気づかせることである。

3

〈汝何を欲するか〉から幻想へ

『アイズ・ワイド・シャット』を観るラカン

どうして、大文字のAとするのでしょうか。普通に使われているランガージュがもたらすものに加えて何らかの補足的な記号を導入しなければならない時にはいつもそうなのですが、ある妄想的な理由があるからです。この妄想的な理由とは次のようなものです。「君は僕の妻だ」、これについて結局のところ皆さんは何を知っているのでしょうか。「あなたは私の師です」、このことについて実際それほど確信がもてるでしょうか。このパロールに創設的な価値をもたせているものは次のことです。つまり、このメッセージにおいて目指されていることは――それは見せかけの場合でもはっきりしていることですが――絶対的な他者(A)という限りでの他者がそこに存在しているということです。絶対的とは、つまり、この他者(A)は再認されているが、知られてはいないということです。同様に見せかけを見せかけたらしめているもの、それは結局、見せかけか否かを皆さんが知らないということです。パロールが他者へと話されるレベルにおけるパロールの関係を特徴づけているのは、本質的には他者(A)の他者性にある未知の要素なのです[20]。

この一節を読むと、ラカンを多少なりとも知っている人なら誰でも驚くにちがいない。ここでは〈大文字の他者〉が、「言語の壁」の向こうにいるもうひとりの主体の不可解性と同一視されている。これはラカンが提供する〈大文字の他者〉の一般的なイメージ、すなわちショーを操る自動性の冷徹な論理というイメージとはおよそ正反対だ。この一般的なイメージにしたがえば、主体が話すとき、彼は彼自身が知らないうちに、たんに「話されている」、つまり彼は自分の家の主ではないのだ。では一体〈大文字の他者〉とは何か。象徴的秩序の匿名的メカニズムなのか、それとも根源的に他性的なもうひとりの主体、つまり「言語の壁」によって私が永遠に隔てられている主体なのか。この矛盾の中に、ラカンの思想の発展における方向転換、すなわち認識の相互主観的弁証法に焦点をあてた初期ラカンから、主体の相互作用を規定する匿名的メカニズムを強調する後期ラカンへの（哲学的にいえば現象学から構造主義への）方向転換の徴候を見出すことが、この袋小路から脱する容易な抜け道かもしれない。だが一定の真実が含まれているとはいえ、この解決法は〈大文字の他者〉の中心にある謎を曖昧にしてしまう。その謎とは、〈大文字の他者〉、すなわち匿名的な象徴的秩序が、どこの点で主観化されるのかということである。

典型的な例は神性だ。われわれが「神」と呼ぶものは、人格化された〈大文字の他者〉ではなかろうか。それは人間よりも大きなひとりの人間としてわれわれに語りかける、すべての主体を超えたひとりの主体ではなかろうか。われわれはそれと同様に、〈歴史〉がわれわれに何かを問いかけるとか、〈大義〉がわれわれに犠牲を払うように求める、といった言い方をする。そこにいるのは不気味な主体だ。それはたんなるもうひとりの人間存在ではなく、〈第三者〉、すなわち現実の個々人の相互作用を超えたところに立っている主体である。したがって恐ろしい謎とは、いうまでもなく、この不可解な主体はわれわれに何を求めているのかということだ（神学ではこの次元を「隠れた神 Deus absconditus」と呼ぶ）。ラカンにいわせれば、この底知れぬ次元を垣間見るのに、わざわざ神を引っ張り出す必要はない。それはすべての人間の中にあるのだ。

人間の欲望は〈他者〉の欲望である。そこでは de（英 of）が、文法学者が「主観的決定」と呼ぶものを提供している。すなわち人間は〈他者〉として（qua, 英 as）欲望する。それゆえに〈他者〉の質問——それは主体が託宣を期待する場所から主体へと戻ってくるのだが——は、「汝何を欲するか Che vuoi?」というような形をとる。「汝何を欲するか」は、主体を自分自身の欲望の道へと導く最良の質問なのである。[21]

ラカンの公式は曖昧である。「人間は〈他者〉として（qua）欲望する」というのは、まず何よりも、人間の欲望が「外に出された」〈大文字の他者〉、すなわち象徴的秩序によって構造化されていることを意味する。つまり私が欲望するものは〈大文字の他者〉、すなわち私の住んでいる象徴的空間によってあらかじめ決定されている。たとえ私の欲望が侵犯的、すなわち社会的規範に背くものだとしても、その侵犯それ自体が侵犯の対象に依存しているのである。パウロはこのことをよく知っていた。彼は『ローマ人への手紙』の有名な一節（第七章第七節以下）で、いかに法がそれに背きたいという欲望を生むかについて書いている。われわれの社会の道徳構造はいまだに十戒（これがパウロのいう法だ）を中心に回っているから、われわれが日々経験しているリベラルで寛容な社会はパウロの洞察を確証している。われわれの社会がたえず立証しつづけているのは、大切な人間の権利とはその核心においてはたんに十戒を破る権利だということである。「プライヴァシーの権利」とは、誰も見ていなければ姦通をしてもいいという権利である。「プライヴァシーの権利」とは、誰も見ていなければ姦通をしてもいいという権利であり、何者も私の生活に干渉することはできないということである。「幸福を追求し、私有財産をもつ権利」とは、盗む（他人を搾取する）権利である。「出版と意見表明の自由」とは、嘘をつく権利である。「自由な市民が武器を所有する権利」とは、人を殺す権利である。そして極めつけは、「宗教的信仰の自由」とは、偽りの神を崇拝する権利のことだ。

しかし、「人間の欲望は〈他者〉の欲望である」という公式にはもうひとつの意味がある。

主体は、〈他者〉を欲望するものとして、つまり満たしがたい欲望の場所として、捉えるかぎりにおいて、欲望できる。あたかも彼あるいは彼女から不透明な欲望が発せられているかのように。他者は謎にみちた欲望を私に向けるだけでなく、私は自分が本当は何を欲望しているのかを知らないという事実、すなわち私自身の欲望の謎を、私に突きつける。ラカンはここではフロイトに従っているが、そのラカンにとって、他の人間の底知れぬ次元――他の人間の底知れぬ深さ、まったくの理解不能性――が最初にその完全な表現を見出したのは、汝の隣人を汝自身のように愛せという命令をもったユダヤ教においてである。フロイトにとってもラカンにとっても、この命令はひじょうに多くの問題を含んだ命令である。次のような事実を曖昧にしてしまうからだ。その事実とは、私の鏡像としての隣人、私に似ている人、私が共感できる人の裏には、根源的な他者性の、つまり私がその人については何も知らないという、計り知れぬ深淵が口を開けているということである。本当にその人を信頼できるのだろうか。彼は何者なのか。彼の言葉がただの見せかけでないと、どうしたら確信できるのか。究極的に隣人を私の鏡像に、あるいは私の自己実現という目的のための手段に還元してしまうニューエイジ的な姿勢（たとえばユング心理学では、私を取り巻く他者はすべて私自身の人格の、自分が否認した部分の外在化／投射にすぎないとされる）とは対照的に、ユダヤ教に始まる伝統においては、隣人の内には異質で外傷的な核がいつまでも残っている。隣人とは、私をヒステリー化する、不活性の、不可解で、謎にみちた存在である。その存在の中心にあるのは、いうまでもなく隣人の欲望であり、それは私たちにとってだけでなく隣人自身にとっても謎である。だから、ラカンの「汝何を欲するか（Che vuoi?）」はたんに「あなたは何を欲しているのか」と問うているのではなく、むしろ「何があなたを悩ましているのか。あなたの内にある、あなたには統御できない何物かのせいで、あなたは、私たちにとってだけでなくあなた自身にとっても堪えがたい人間になっている。その何物かとは何か」。

ここで、隣人を倫理的に飼い慣らしてしまうという誘惑に負けてはならない。たとえばエマニュエル・レヴィナスはその誘惑に負けて、隣人とは倫理的責任への呼びかけが発してくる深遠な点だと考えた。レヴィナスが曖昧にしているのは、隣人は怪物みたいなものだということである。この怪物性ゆえに、ラカンは隣人に〈物 das Ding〉という用語をあてはめた。フロイトはこの語を、堪えがたいほど強烈で不可解な、われわれの欲望の究極の対象を指す語として用いた。われわれはこの語の中に、ホラー小説から連想されるありとあらゆるものを聞き取らなくてはならない。隣人とは、人間のおだやかな顔のすべてから潜在的に垣間見える（邪悪な）〈物〉である。スティーヴン・キングの『シャイニング』を思い出してみよう。作家のなりそこないであるおとなしい父親が、しだいに殺人鬼に変身していき、邪悪なにたにた笑いを浮かべて、自分の家族を皆殺しにしようとする。したがって、ユダヤ教が、人間と人間の関係を規定する神の〈掟〉の宗教でもあることは不思議ではない。この〈掟〉は、非人間的な〈物〉としての隣人の出現と密接に相関している。つまり、〈掟〉の究極の機能は、われわれが隣人を忘れないようにし、隣人への親近感を保たせることではなく、反対に、隣人を適当な距離に遠ざけ、すぐ隣に住む怪物に対して身を守らせることである。これについて、ライナー・マリア・リルケはその『マルテの手記』でこう書いている。

その生き物はまったく人畜無害で、眼で見ただけなら、ほとんど気がつかず、すぐに忘れてしまう。だがそれが、眼に見えないうちに、どういうわけか耳の中に入ってくると、大きくなり、孵化して、場合によっては脳に入り込み、犬の鼻から侵入する肺炎双球菌のように、脳の中で大繁殖する。……この生き物とは〈隣人〉のことである。*訳註05

それゆえに、愛される者の立場にいきなり立たされることは強烈な発見であり、外傷的ですらある。私は愛されることによって、明確な存在としての自分と、愛を生じさせた、自分の中にある不可解なXとの落差をじかに感じる。ラカンによる愛の定義――「愛とは自分のもっていないものを与えることである」――には、以下を補う必要がある。「それを欲していない人に」。誰かにいきなり情熱的な愛を告白されるというありふれた体験が、それを確証しているのではなかろうか。愛の告白に対して、結局は肯定的な答を返すかもしれないが、それに先立つ最初の反応は、何か猥褻で闖入的なものが押しつけられたという感覚だ。ギレルモ・アリアガの『21グラム』の中盤で、心臓疾患で死にかけているポールは、クリスティーナに優しく愛を告白する。彼女は二人の子持ちで、夫が最近死んでそれが外傷になっている。次に会ったとき、クリスティーナは、愛の告白がもつ凶暴な性質について、爆発したように文句を言う。

あなたのせいで、私は一日じゅう考えていたわ。もう何ヶ月も誰とも口をきかなかった。あなたのことはほとんど何も知らないのに、もうあなたと話がしたくなっている。考えれば考えるほどますますわからなくなることがあるの。いったいどうして私のことが好きだなんて言ったのよ！　答えて。あんなこと、言ってほしくなかった。ろくに知らない女性につかつかと歩み寄って、愛してると言うなんて、絶対にしてはいけないことだわ。彼女がどうやって生活しているか、何を感じているか、知らないくせに。私には夫がいない。知ってるでしょ。この世界では、私は何物でもない。本当に何物でもないのよ。(22)

こう言って、クリスティーナはポールを見つめ、両手を挙げ、無我夢中にポールの唇にキスする。ということは、彼のことを嫌いというわけではないし、肉体的接触を望んでいないわけでもないのだ。むしろ彼女の問題は、それを望んでいることだ。彼女の不平の要点は、「あなたはなんの権利があって、私の欲望を掻き立てるの?」ということだ。この〈物〉としての〈他者〉の深淵から、ラカンが「土台を築く言葉」という表現で何を言わんとしたのかが理解できる。これは、ある人間になんらかの象徴的称号を付与し、その人間を、こうであると宣言されている存在に変え、その象徴的アイデンティティを作り上げる言葉である。「きみは私の妻だ」。「あなたは私の師です」。この概念はふつう、遂行文、すなわち言表行為そのものによって、それが宣言している事物の状態を実現する(私は「この会議を終わります」と言うことによって実際に会議を終える)ような発話、に関する理論の応用と見なされている。[23] しかし、この章の冒頭に掲げた一節から明らかなように、ラカンはそれ以上のことを示唆している。遂行文は、最も根本的には、象徴的な委託と契約の行為である。私が誰かに「あなたは私の師です」と言ったら、私は然るべき態度でその人に接しなければならず、同じように、その人も私に然るべき態度で接しなければならない。ラカンが言わんとしているのは、われわれがこの遂行性、象徴的契約に頼らなければならないのは、他ならず、われわれが直面する他者が、私の鏡像、つまり私に似た者であるだけでなく、究極的に不可解な神秘でありつづける捉えがたい絶対的な〈他者〉

でもあるからだ。法と義務を伴う象徴的秩序の主な機能は、われわれと他者との共存を多少なりとも堪えられるものにすることである。われわれの関係が爆発して殺人が起きないためには、ある〈第三者〉が私と隣人との間に割って入る必要があるのだ。

一九六〇年代、すなわち「構造主義」（すべての人間活動は無意識の象徴的メカニズムによって規定されているという発想にもとづいた諸理論）の時代に、ルイ・アルチュセールは「理論的反人間主義」という悪名高い概念を打ち出し、これによって功利主義的な人間主義を補完してもよい、いや補完すべきだと唱えた。実践においては、われわれは人間主義者として行動しなければならない、すなわちじゅうぶんな尊厳をもった自由な人間として、この世界の創造者として、他者を遇しなければならない。しかし理論においては以下のことを忘れてはならない。すなわち、人間主義もひとつのイデオロギーにすぎない。つまりそれは、われわれが自分への命令をいかに自発的に経験するかということであって、人間とその歴史をめぐる真の知は個人を、自立した主体としてではなく、おのれ自身の法にしたがう構造内の部品として扱わなくてはならない。アルチュセールとは対照的に、ラカンは「実践的反人間主義」を提唱する。これは、ニーチェが「人間的な、あまりに人間的な」と呼んだものの次元を超えて、人間性の中核にある非人間的なものと対決するひとつの倫理である。この倫理は、人間であることの醜悪性、つまり「アウシュヴィッツ」という言葉で大きく括れるような現象となって噴出する悪魔的な次元に対して、果敢に立ち向かう倫理である。

おそらくこの隣人の非人間的次元の位置づけを説明するには、カントの哲学を引き合いに出すのが最良であろう。カントはその『純粋理性批判』において、否定判断と無限判断という重要な区別を導入した。「魂は必滅である（the soul is mortal）」という肯定文は二通りに否定できる。述語を否定する（「魂は必滅ではない（the soul is not mortal）」こともできるし、否定的述語を肯定する（「魂は不滅である（the soul is non-mortal）」）こともできる。この両者の違いは、スティーヴン・キングの読者なら誰でも知っている、「彼は死んでいない」と「彼は不死だ」の違いとまったく同じものだ。無限判断は、「死んでいる」と「死んでいない」（生きている）との境界線を突き崩す第三の領域を開く。「不死」は死んでいるのでも生きているのでもない。まさに怪物的な「生ける死者」である。同じことが「人でなし」にもあてはまる。「彼は人間ではない」と「彼は人でなしだ」とは同じではない。「彼は人間ではない」はたんに彼が人間性の外にいる、つまり動物か神様であることを意味するが、「彼は人でなしだ」はそれとはまったく異なる何か、つまり彼は人間でも、人間ではないものでもなく、われわれが人間性と見なしているものを否定しているが同時に人間であることに付随している、ある恐ろしい過剰によって刻印されているという事実を意味している。おそらく、これこそがカントによる哲学革命によって変わったものである、という大胆な仮説を提出してもいいだろう。カント以前の宇宙では、人間は単純に人間だった。動物的な肉欲や神的な狂気の過剰と戦う理性的存在だったが、カントにおいては、戦うべき過剰は人間に内在しているものであり、主体性そのものの中核に関わるものである（だからこそ、まわりの闇と戦う〈理性の光〉という啓蒙主義のイメージとは対照的に、ドイツ観念論における主体性の核の隠喩は〈夜〉、〈世界の夜〉なのだ）。カント以前の宇宙では、狂気に陥った英雄は自らの人間性を失い、動物的な激情あるいは神的な狂気がそれに取って代わる。カントにおいては、狂気とは、人間存在の中核が制約をぶち破って爆発することである。

この〈他者〉の恐ろしい奈落にじかに晒されるという外傷的な衝撃を、どうしたら避けられるのか。〈他者〉の欲望との危険な出会いに、どう対処したらいいのか。ラカンによれば、〈他者〉の欲望の謎に対する答を与えてくれるのは幻想である。幻想に関して、最初に注目すべきことは、幻想は「欲望の仕方」を文字通りに教えてくれるということである。幻想とは、「苺のケーキが食べたいのに、現実には苺のケーキが手に入らないので、苺のケーキを食べることを幻想する」といった単純なものではない。問題はむしろ、そもそも私が苺のケーキを欲望しているということを、私はどうしたら知ることができるのか、である。まさにそれを教えてくれるのが幻想だ。この幻想の役割の中核にあるのが、性における行き詰まりである。ラカンはそれを「性関係は存在しない」という逆説的な表現であらわした。パートナーとの調和的な性関係を普遍的に保証するものはない。個々の主体が自分なりの幻想、つまり性関係の「私的な」公式を作り上げなくてはならない。パートナーがこの公式に固執していないかぎり、女性との関係は成立しない。

数年前、スロヴェニアのフェミニストたちが、大手化粧品会社の出したサンローションのポスターに激しく噛みついた。そのポスターは、水着がぴったり張り付いた、陽に焼けた女性のお尻がいくつも並んでいて、「一人ひとりにそれぞれのファクターを」というキャッチフレーズが書かれていた。もちろんこれは下品な二重の意味を含んでいて、表面的にはサンローションのことを言っている。消費者の肌のタイプに合わせて、3とか5とかさまざまな種類が揃っているのだ。しかし、このコピーが効果を上げているのは、明らかに男性優位主義的な読み方ができるからだ。「その女性のファクター、特定の触媒、つまり何を使えば彼女が燃えるかを知ってさえいれば、どんな女でも落とせる」。フロイト的にみれば、女性であろうと男性であろうと、個々の主体はそういう「ファクター」をもっており、それが彼女あるいは彼の欲望を規定している。「四つんばいになった女性の後ろ姿」というのが、フロイトのいちばん有名な患者である〈狼男〉[*訳註06]の「ファクター」だった。陰毛の生えていない彫像のような女性がジョン・ラスキン[*訳註07]のファクターだった。このファクターに気づいても、全然、胸が高鳴るわけではない。むしろそのファクターは不気味で、恐怖さえ与える。なぜならそれは主体から何かを奪い、彼女あるいは彼を、尊厳と自由を超えた人形みたいなレベルに還元してしまうからである。

しかし、ここですぐに追加しなければならないことは、幻想の中にあらわれた欲望は主体自身の欲望ではなく他者の欲望、つまり私のまわりにいて、私が関係している人たちの欲望だということである。幻想、すなわち幻の情景あるいは脚本は、「あなたはそう言う。でも、そう言うことによってあなたが本当に欲しているのは何か」という問いへの答である。欲望の最初の問いは、「私は何を欲しているのか」という直接的な問いではなく、「他者は私から何を欲しているのか。彼らは私の中に何を見ているのか。彼ら他者にとって私は何者なのか」という問いである。幼児ですら関係の複雑なネットワークにどっぷり浸かっており、彼を取り巻く人びとの欲望にとって、触媒あるいは戦場の役割を演じている。父親、母親、兄弟、姉妹、おじ、おばが、彼のために戦いを繰り広げる。母親は息子の世話を通して、息子の父親にメッセージを送る。子どもはこの役割をじゅうぶん意識しているが、大人たちにとって自分がいかなる対象なのか、大人たちがどんなゲームを繰り広げているのか、は理解できない。この謎に答を与えるのが幻想である。どんなに単純な幻想も、私が他者にとって何者であるのかを教えてくれる。どんなに単純な幻想の中にも、この幻想の相互主観的な性格を見てとることができる。たとえばフロイトは、苺のケーキを食べることを夢想する幼い娘の幻想を報告している。こうした例は、幻覚による欲望の直接的な満足を示す単純な例（彼女はケーキがほしかった。でももらえなかった。それでケーキの幻想に耽った）などではけっしてない。決定的な特徴は、幼い少女が、むしゃむしゃケーキを食べながら、自分のうれしそうな姿を見て両親がいかに満足しているかに気づいていたということである。苺のケーキを食べるという幻想が語っているのは、両親を満足させ、自分を両親の欲望の対象にするような（両親からもらったケーキを食べることを心から楽しんでいる自分の）アイデンティティを形成しようという、幼い少女の企てである。

性は、われわれが他の人間に最大限に接近し、彼あるいは彼女に自分を全面的に晒す領域なので、ラカンにとって性的享楽は現実界的《リアル》である。その息もつけないほどの強烈さにはどこか外傷的なところがあるし、われわれがそれをまったく理解できないという意味では、あるはずのないものである。だからこそ、性関係が機能するためには、なんらかの幻想を通過させなければならない。デイヴィッド・リーン監督の『ライアンの娘』で、サラ・マイルズと、不倫の相手である英軍将校との逢瀬を思い出してみよう。森の中での性行為が描写されるが、その際、滝の音が二人の押し殺された熱情を表現していることになっている。この描写をいま観ると、紋切り型表現のごたまぜに呆れる。しかし、不条理な背景音の役割はきわめて両義的である。その音は、性行為のエクスタシーを強調することによって、ある意味では行為を脱物質化し、その存在の重みをわれわれから取り去ってくれる。ちょっとした思考実験をしてみれば、そのことがよくわかる。こう想像してみよう――このような性行為の情緒的な描写の最中に、

『ライアンの娘』(1970年)

音楽が突然消えて、画面では二人が性急に激しく事に励む様子だけが描写され、苦痛にみちた沈黙を衣擦れの音とうめき声だけが中断するとしたら、われわれは性行為の無言の存在に無理やり直面させられる。要するに、『ライアンの娘』のこの場面の逆説は、滝の音が、性行為から〈現実界〉を除去する幻想的な透過膜《スクリーン》として機能しているということである。

ウォーレン・ベイティ監督・制作・脚本の『レッズ』における革命歌「インターナショナル」の合唱は、『ライアンの娘』における滝の音とまったく同じ役割を演じている。われわれが性行為の〈現実界〉に耐えることを可能にする幻想の透過膜という役割だ。『レッズ』は、ハリウッドにとって最も外傷的な歴史的事件である十月革命を、映画の主人公ジョン・リード（ウォーレン・ベイティ自身が演じている）とその愛人（ダイアン・キートン）の性行為の隠喩的背景として用いることによって、ハリウッドの宇宙に取り込んでいる。映画では、二人の関係が危機に陥った直後に十月革命が起きる。ベイティは、荒れ狂う群衆に向かって熱烈な革命的演説をすることで、キートンを魅了する。二人は欲望にみちた視線を交わし、群衆の雄叫びが、二人の情熱が甦ったことの隠喩となっている。革命の重要な神話的光景（街頭デモ、冬宮襲撃）と二人のセックスが交互に映され、群衆の歌う「インターナショナル」が背景に流れる。群衆シーンが性行為の通俗的な隠喩として機能している。ファロスを思わせる路面電車に黒い群衆が近づき、取り囲むというシーンは、キートンのほうが積極的になってベイティの上にまたがっていることを示す隠喩ではないのだろうか。ここにあるのはソビエトの社会主義リアリズムとは正反対のものだ。社会主義リアリズムでは、恋人たちが自分たちの恋愛を社会主義闘争への貢献として経験し、私的な快楽を革命の大義のために犠牲にすることを誓い、群衆の中へと身を投じる。反対に『レッズ』では、革命そのものが、成功した性関係の隠喩になっている。

ふつうは精神分析の知見とされる常識的な智恵、つまりすべての活動はどこかで性的なものを仄めかしている——われわれは何をしていようと「あれのことを考えている」——という智恵が、ここでは逆転されている。現実のセックスそれ自体が好ましいものであるためには、十月革命という非性的な膜で透過されねばならないのである。「目を閉じて英国を思え！」〔気の進まないセックスを指すイギリスの諺的な表現〕ならぬ、「目を閉じて十月革命を思え！」である。この論理は、アメリカ先住民のある部族の論理と同じだ。彼らは、すべての夢には性的な意味が隠されていることを発見した。明らかに性的な夢を除いて。性的な夢の場合は別の意味を探さなくてはならない（最近発見された秘密の日記によれば、ウィトゲンシュタインは第一次大戦中の前線で、数学の問題を考えながらマスターベーションをしていたという）。現実のいわゆる本当のセックスについても同じことがいえる。これもまたなんらかの幻想的な透過膜を必要とする。血と肉をもった現実の他者に触ったときに得られる性的快感はけっして自明のものではなく、本質的に外傷的であり、その他者が主体の幻想の枠組みに入ったときにはじめて得られるのだ。

　では最も基本的な幻想とは何か。幻想の存在論的逆説（スキャンダルといってもいい）は、それが「主観的」と「客観的」という標準的な対立を転倒するという事実である。もちろん幻想はその定義からして客観的（何かが主体の近くからは独立して存在する）ではありえない。しかし、主観的（主体の意識的・経験的直感に属している何か、彼あるいは彼女の想像の産物）でもない。むしろ幻想が属しているのは「客観的主観性」という奇妙なカテゴリー」である。「自分には事物がそのように見えているとは思われないのに、客観的には実際にそのように見えてしまう」のである。[24] たとえば、われわれがこう言ったとする――あの人は、意識的にはユダヤ人に対して好意を抱いているが、自分では気づかずに心の奥底には反ユダヤ的な偏見を抱いている、と。このときわれわれは、(彼の偏見は、ユダヤ人が実際にどうであるかではなく、ユダヤ人が彼にどう見えるかを反映しているのだから)、彼はユダヤ人が実際には彼にどう見えているかに気づいていないと主張しているのではなかろうか。

二〇〇三年三月、ドナルド・ラムズフェルドは、知られていることと知られていないことの関係をめぐり、突然発作的にアマチュア哲学論を展開した。

知られている「知られていること」がある。これはつまり、われわれはそれを知っており、自分がそれを知っているということを自分でも知っている。知られている「知られていないこと」もある。これはつまり、われわれはそれを知らず、自分がそれを知らないということを自分では知っている。しかしさらに、知られていない「知られていないこと」というのもある。われわれはそれを知らず、それを知らないということも知らない。

彼が言い忘れたのは、きわめて重大な第四項だ。それは知られていない「知られていること」、つまり自分はそれを知っているのに、自分がそれを知っているということを自分では知らないことである。これこそがまさしくフロイトのいう無意識であり、ラカンが「それ自身を知らない知」と呼んだものであり、その核心にあるのが幻想である。もしラムズフェルドが、イラクと対決することの最大の危険は「知られていない『知られていないこと』」、すなわちサダム・フセインあるいはその後継者の脅威がどのようなものであるかをわれわれ自身が知らないということだ、と考えているのだとしたら、返すべき答はこうだ——最大の危険は、それとは反対に、「知られていない『知られていること』」だ。それは否認された思い込みとか仮定であり、われわれはそれが自分に付着していることに気づいていないが、それらがわれわれの行為や感情を決定しているのだ。

これはまた、主体はつねに「中心から追い出されている」というラカンの主張の意味を確定するひとつの方法でもある。彼が言わんとしていることは、主観的経験は客観的で無意識的なメカニズムに規定されていて、そのメカニズムは自己経験からは排除されており、したがって私には制御することができない（と、すべての唯物論者は主張する）、ということではない。ラカンは、われわれをもっとずっと不安にさせることを言わんとしている。すなわち、私は自分にとって最も身近な自己経験、つまり事物が「本当は私にどう見えるか」ということも奪われ、私の存在の中核を構成し、それを保証している根本的な幻想をも奪われているということだ。なぜなら私はそれをけっして意識的に経験することも仮定することもできないのだから。

想がその最も基本的レベルにおいて主体にとって接近不能なものになるという事実である、と。ラカンの言葉を借りれば、主体を「空虚」にするのはこの接近不能性なのである。

かくしてわれわれは、主体は内的状態を経由して自分自身をじかに経験する、という標準的な考え方を全面的に転倒するひとつの関係を手に入れる。空っぽで非現象的な主体と、主体にとって接近不能な諸現象との奇妙な関係である。いいかえれば、精神分析のおかげで、われわれは主体のいない現象学という逆説的な公式を打ち立てることができる。生起する諸現象は、主体の現象ではなく、主体にあらわれる現象である。そこに主体が含まれていないということではない。だが主体はまさに排除され、分割され、彼あるいは彼女の内的経験のいちばんの中核を担えない審級になっている。

この幻想の逆説的な地位は、われわれを、精神分析とフェミニズムがどうしても合意できない究極の一点へと導く。それは強姦（とそれを支えているマゾヒズム的幻想）である。少なくとも標準的フェミニズムにとっては、強姦が外部からの暴力であることは自明だ。たとえ女性が、強姦されたり乱暴に扱われたりするという幻想を抱いていたとしても、それは女性に関する男性の幻想であるか、もしくは、その女性が父権的なリビドー経済を「内面化」しているために自らすすんで犠牲になったのだということになる。裏を返せば、強姦の白昼夢という事実を認めた瞬間、われわれは男性優位主義的な決まり文句への扉を開けることになる。その決まり文句とは――女性は強姦されることによって自分が密かに望んでいたものを手に入れるだけのことであり、彼女のショックや恐怖は、彼女が自分の欲望を認めるほど正直ではないという事実を示しているにすぎない……。このように、女性も強姦される幻想を抱くかもしれないと示唆した瞬間、次のような反論が飛んでくる。「それは、ユダヤ人は収容所でガス室送りになる幻想を抱いているとか、アフリカ系アメリカ人はリンチされることを幻想している、と言っているのと同じだ」。この見方によれば、女性の分裂したヒステリー的な立場(性的に虐待され搾取されることに不平を述べながら、一方でそれを望み、自分を誘惑するよう男を挑発する)は二次的である。しかるにフロイトにとっては、この分裂こそが一次的であり、主体性の本質である。

このことから得られる現実的な結論はこうだ――(一部の)女性は実際に強姦されることを空想かもしれないが、その事実はけっして現実の強姦を正当化するわけではないし、それどころか強姦をより暴力的なものにする。ここに二人の女性がいたとする。ひとりは解放され、自立していて、活動的だ。もうひとりはパートナーに暴力をふるわれることや、強姦されることすら密かに空想している。決定的な点は、もし二人が強姦されたら、強姦は後者にとってのほうがずっと外傷的だということである。強姦が「彼女の空想の素材」を「外的な」社会的現実において実現するからである。主体の存在の幻想的中核と、彼あるいは彼女の象徴的あるいは想像的同一化のより表層的な諸様相との間には、両者を永遠に分離する落差がある。私は私の存在の幻想的な核を全面的に（象徴的統合という意味で）わが身に引き受けることは絶対にできない。私があえて接近しようとすると、ラカンが主体の消滅《アファニシス》（自己抹消）と呼んだものが起きる。主体はその象徴的整合性を失い、崩壊する。そしておそらく私の存在の幻想的な核を現実世界の中で無理やり現実化することは、最悪の、最も屈辱的な暴力、すなわち私のアイデンティティ（私の自己イメージ）の土台そのものを突き崩す暴力である。[25] 結局、フロイトからすると、強姦をめぐる問題とは次のようなことだ。すなわち、強姦がかくも外傷的な衝撃力をもっているのは、たんにそれが残忍な外的な暴力だからではなく、それが同時に犠牲者自身の中にある、犠牲者によって否認されたものに触れるからである。したがって、フロイトが「[主体が]幻想の中で最も切実に求めるものが現実にあらわれると、彼らはそれから逃走してしまう」[26]と書いたとき、彼が言わんとしていたのは、このことはたんに検閲のせいで起きるのではなく、むしろわれわれの幻想の核がわれわれにとって耐えがたいものだからである。

二、三年前、イギリスのTVでビールの面白いCMが放映された。それはメルヘンによくある出会いから始まる。小川のほとりを歩いている少女がカエルを見て、そっと膝にのせ、キスする。するともちろん醜いカエルはハンサムな若者に変身する。しかし、それで物語が終わったわけではない。若者は空腹を訴えるような眼差しで少女を見て、少女を引き寄せ、キスする。すると少女は瓶ビールに変わり、若者は誇らしげにその瓶を掲げる。女性からみれば、（キスで表現される）彼女の愛情がカエルをハンサムな男、つまりじゅうぶんにファロス的な存在に変える。男からすると、彼は女性を部分対象、つまり自分の欲望の原因に還元してしまう。この非対称ゆえに、性関係は存在しないのである。女とカエルか、男とビールか、そのどちらかなのである。絶対にありえないのは自然な美しい男女のカップルである。幻想においてこの理想的なカップルに相当するのは、瓶ビールを抱いているカエルだろう。この不釣り合いなイメージは、性関係の調和を保証するどころか、その滑稽な不調和を強調する。(27) われわれは幻想に過剰に同一化するために、幻想はわれわれに対して強い拘束力をもっているが、右のことから、この拘束から逃れるにはどうすればよいかがわかる。同時に、同じ空間内で、両立しえない幻想の諸要素を一度に抱きしめてしまえばいいのだ。つまり、二人の主体のそれぞれが彼あるいは彼女自身の主観的幻想に浸かればいいのだ。少女は、じつは若者であるカエルについて幻想し、男のほうは、じつは瓶ビールである少女について幻想すればいい。現代アートや小説がこれに対置してきたものは客観的な現実ではなく、二人の主体が絶対に実現できない「客観的に主観的な」根底的幻想であり、瓶ビールにまたがっているカエルを描いたマグリット風の絵だ。そこには「男と女」あるいは「理想的なカップル」というタイトルが書かれている（ここでシュルレアリストの有名な「ピアノの上に載ったロバの死体」〔ルイス・ブニュエル監督『アンダルシアの犬』を参照〕を連想するのはまさに的を射ているだろう。シュルレアリストたちもまた、この不釣り合いな幻想への過剰な同一化を実践したのだから）。これこそが現代のアーティストたちの倫理的義務ではなかろうか。つまり、恋人との抱擁を夢想している者に、瓶ビールを抱きしめているカエルを突きつけるのだ。いいかえれば、徹底的に脱主観化された幻想を上演することは、主体によっては絶対にできないのではなかろうか。

このことはわれわれを、さらにもっと複雑な問題へと導く。もしわれわれが「現実」として経験しているものが幻想によって構造化されているとしたら、そして幻想が、われわれが生の〈現実界〉にじかに圧倒されないよう、われわれを守っている遮蔽膜だとしたら、現実そのものが〈現実界〉との遭遇からの逃避として機能しているのかもしれない。夢と現実との対立において、幻想は現実の側にあり、われわれは夢の中で外傷的な〈現実界〉と遭遇する。つまり、現実に耐えられない人たちのために夢があるのではなく、自分の夢（その中にあらわれる〈現実界〉）に耐えられない人のために現実があるのだ。これが、フロイトが『夢判断』の中で例に挙げている有名な夢から、ラカンが引き出した教訓である。それは、息子の棺を見張っているうちに寝込んでしまった父親がみた夢である。夢の中で、死んだ息子が父親の前にあらわれ、恐ろしいことを訴える。「お父さん、ぼくが燃えているのが見えないの？」父親が目を覚ますと、ロウソクが倒れ、息子の棺を覆っている布に火がついている。ではどうして父親は目を覚ましたのだろうか。煙の臭いがあまりに強く、その出来事を即興で夢に取り入れ、睡眠を継続することができなかったのだろうか。ラカンはもっとずっと興味深い解釈を述べている。

夢の機能が眠りの延長だとしたら、そして夢はそれを呼び起こした現実にこれほどまで接近することができるとしたら、眠りから離れることなく夢はこの現実に答えている、と言えるのではないでしょうか。結局、夢には夢遊病的な作用があるのです。それまでフロイトが示してきたことからわれわれがここで立てる問い、それは「何が目覚めさせるのか」ということです。目覚めさせるもの、それは夢「という形での」もう一つの現実にほかなりません。「子どもが彼のベッドのそばに立って（Dass das Kind an seinem Bette steht）、彼の手を摑み（ihn am Arme fasst）、非難するような調子で呟いた（und ihm vorwurfsvoll zuraunt）――ねえ、お父さん、解らないの？（Vater, siehst du denn nicht?）僕が燃えているのが？（dass ich verbrenne?）」

このメッセージには、この父親が隣室で起きている出来事を知った物音よりも多くの現実が含まれているのではないでしょうか。この言葉の中に、その子の死の原因となった出会い損なわれた現実が込められるのではないでしょうか。(28)

このように、不幸な父親を目覚めさせたのは外の現実からの闖入物ではなく、彼が夢の中で出会ったものの耐えがたく外傷的な性質だった。「夢をみる」というのが、〈現実界〉との遭遇を回避するために幻想に耽ることだとしたら、父親は文字通り夢をみつづけるために目を覚ましたのだ。シナリオは次のようになっている。煙が彼の眠りを妨げたとき、父親は睡眠を続けるために、すぐさまその妨害要素（煙、火）を組み入れた夢を作り上げた。しかし、彼が夢の中で遭遇したのは、現実よりもずっと強い、（息子の死に対する自分の責任感という）外傷だった。そこで彼は〈現実界〉から逃れるために、現実へと覚醒したのである。

現代芸術ではしばしば、「〈現実界〉に帰る」という乱暴な企てに出会う。そうした作品は観客（あるいは読者）に、彼あるいは彼女が見て（読んで）いるのは虚構であることを思い出させ、甘い夢から覚醒させようとする。こうしたやり方は主に二つの形式をとる。この二つは互いに対立してはいるものの、それがもたらす効果は同じだ。文学あるいは映画では、（とくにポストモダン的なテクストでは）われわれが見ているのは虚構にすぎないことを思い出させる自己反省的な忠告《リマインダー》が挿入される。たとえばスクリーン上の俳優がわれわれ観客にじかに話しかけ、物語の自立した空間という幻想をぶちこわすとか、作家が皮肉のこもったコメントをしてじかに物語に干渉するとか。劇場では時おり、（舞台上でニワトリを殺したりして）われわれを舞台の現実へと目覚めさせるような、乱暴なイベントがおこなわれる。われわれとしては、そうしたやり方に対して、いわばブレヒト的な威厳を与え、疎外の一ヴァリエーションだと評価したりするのではなく、そういうやり方そのものを否定すべきである。彼らのやっていることは、彼らの主張とは裏腹に、〈現実界〉からの逃避であり、幻覚そのものの〈現実界〉から逃げようとする必死の企てにすぎない。〈現実界〉は幻覚的な見世物の姿をとって出現するのである。

われわれがいま直面しているのは、幻想という概念の根本的両義性である。一方で、幻想は〈現実界〉との遭遇からわれわれを保護する遮蔽幕であるが、最も基本的な形の幻想そのもの、すなわちフロイトが「根本的幻想」と呼んだ、主体の欲望する能力の最も基本的な座標を提供するものは、けっして主観化されることなく、機能するためには抑圧されたままでなければならない。スタンリー・キューブリックの『アイズ・ワイド・シャット』の、一見きわめて通俗的な結末を思い出そう。トム・クルーズが夜の冒険〔性的な秘密パーティに侵入したこと〕をニコール・キッドマンに告白し、二人がともに自分たちの幻想の過剰に直面したとき、キッドマンは、いまや夜が明け、自分たちがすっかり覚醒していることを確かめ、永遠とはいわずとも、少なくとも長期間にわたってそこに留まり、幻想を除けておけることを確かめたうえで、クルーズに向かって、いますぐにあることをしなくてはならないと言う。彼が「何?」と訊くと、「ファック」と答える。映画はここで終わり、クレジットロールとなる。偽りの出口としての、つまり幻想的な冥界の恐怖と直面するのを避けるための出口としての「行為への通り道(passage à l'acte)」の性質を、これほど直裁に表明した映画は他にない。空しい幻想に取って代わる現実生活の肉体的満足を二人に提供するのではなく、行為への通り道が、穴埋めとして、つまり幽霊のうごめく幻想の冥界を押しとどめておくための必死の防御手段として提供される。彼女のメッセージはこう言い換えることができるだろう。「いますぐファックしましょう。そうすれば幻想がふたたび私たちを圧倒する前に、豊富な幻想を抑えてしまえるわ」。現実への覚醒は夢の中で遭遇する〈現実界〉からの逃避だというラカンの警告が、これほど見事に、性行為そのものにあてはまる例は珍しい。ファックできないときにファックを夢想するのではない。私たちを圧倒してしまいかねない夢の法外な力を鎮め、それから逃れるために、われわれはファックするのだ。ラカンにとって、究極の倫理的課題は、真の覚醒である。それはたんなる睡眠からの覚醒ではなく、むしろ覚醒しているときにわれわれをより強くコントロールしている幻想の呪縛からの覚醒である。

4

〈現実界〉をめぐる厄介な問題

『エイリアン』を観るラカン

新生児になろうとしている胎児を包んでいる卵の膜が破れるたびごとに、何かがそこから飛び散る、とちょっと想像してみてください。卵の場合も人間、つまりオムレット(hommelette)、ラメラ(薄片)の場合も、これを想像することはできます。

ラメラ、それは何か特別に薄いもので、アメーバのように移動します。ただしアメーバよりはもう少し複雑です。しかしそれはどこにでも入っていきます。そしてそれは性的な生物がその性において失ってしまったものと関係がある何物かです。それがなぜかは後ですぐにお話ししましょう。それはアメーバが性的な生物に比べてそうであるように不死のものです。なぜなら、それはどんな分裂においても生き残り、いかなる分裂増殖的な出来事があっても存続するからです。そしてそれは走り回ります。

ところでこれは危険がないものではありません。あなたが静かに眠っている間にこいつがやって来て顔を覆うと想像してみてください。

こんな性質をもったものと、われわれがどうしたら戦わないですむのかよく解りませんが、もし戦うようなことになったら、それはおそらく尋常な戦いではないでしょう。このラメラ、この器官、それは存在しないという特性を持ちながら、それにもかかわらず器官なのですが――この器官については動物学的な領野でもう少しお話しすることもできるでしょうが――、それはリビドーです。

これはリビドー、純粋な生の本能としてのリビドーです。つまり、不死の生、押さえ込むことのできない生、いかなる器官も必要としない生、単純化され、壊すことのできない生、そういう生の本能です。それは、ある生物が有性生殖のサイクルに従っているという事実によって、その生物からなくなってしまうものです。対象「*a*」について挙げることのできるすべての形は、これの代理、これと等価のものです[29]。

ラカンがラメラ(薄片)と呼ぶ謎の生物をじつに詩的に描写したこの文章においては、個々の語がすべて重みをもっている(ラメラは英語では man と omelet を合体させて大まかに manlet と訳すことができよう)。ラメラはリビドーに実体を与える器官である。ラカンはラメラを、フロイトが「部分対象」と呼んだもののひとつのヴァリエーションとして想像している。部分対象とは、まるで魔法のように自立化した不気味な器官で、身体の一器官だったはずだが、その身体なしに生き続ける。ちょうど初期のシュルレアリストの映画に出てくる、独立して歩き回る手とか、『不思議の国のアリス』に出てくるチェシャ猫のにたにた笑いのように。チェシャ猫の身体が消えても、にたにた笑いだけが残る。

「わかった」と猫は言い、今度はゆっくりと消えていった。はじめは尻尾の先、そして最後はにたにた笑い。そのにたにた笑いは、体が消えた後もしばらく残っていた。

「まあ！ にたにた笑いなしの猫なら何度も見たことがあるけど」とアリスは思った。「猫なしのにたにた笑いなんて！ あんな奇妙なものを見たのは生まれたはじめてだわ！」

ラメラは純粋な表面だけの実体であり、物質の密度をもたず、無限に可塑的で、ひっきりなしに形を変え、ひとつの媒体から別の媒体に移りさえする。想像してみよう――耳を裂くような鋭い音がしたと思ったら、次の瞬間、奇怪なものに変形した体が出現するのだ。ラメラは目に見えず、破壊できず、不滅である。もっと厳密にいえば、ホラー小説的な意味で、不死である。精神の崇高な不滅性ではなく、「生ける死者」の猥褻な不滅性。殺されたかと思ったら、また自分の体を自力で再構成し、よろよろと立ち上がる。ラカンの言葉を借りれば、それは存在する（exist）のではなく、執着する（insist）。それは非現実的で、純粋な見かけだけの存在で、無数の外見が中心の空無を包んでいる。その地位は純粋に幻想的である。この盲目的で破壊できないリビドーの執着を、フロイトは「死の欲動」と呼んだ。ここで忘れてならないのは、「死の欲動」は、逆説的に、その正反対のものを指すフロイト的な呼称だということである。精神分析における死の欲動とは、不滅性、生の不気味な過剰、生と死、生成と腐敗という（生物的な）循環を超えて生き続ける「死なない」衝動である。フロイトにとって、死の欲動といわゆる「反復強迫」とは同じものである。反復強迫とは、過去の辛い経験を繰り返したいという不気味な衝動であり、この衝動は、その衝動を抱いている生体の自然な限界を超えて、その生体が死んだ後まで生き続けるようにみえる。死の欲動と部分対象との繋がりを見事に描いたのが、アンデルセンの童話「赤い靴」だ。ある少女が赤い靴を履くと、靴は勝手に動き出し、少女はいつまでも踊り続けなければならない。靴は少女の無制限の欲動をあらわしており、それは人間の限界をいっさい無視するので、それを捨てるためには、少女は両足を切断するしかない。

熱心な映画ファンなら、ラカンのこの一節を読んで、「これは全部どこかで観たことがある」という感覚を拭い去ることができないはずだ。ラカンによるラメラの描写は、ホラー映画のぞっとするような怪物たちの一つを思い出させるだけでなく、ラカンがこの文章を書いた十年以上後に製作された映画、すなわちリドリー・スコット監督の『エイリアン』のショット一つひとつを解説している文章として読むことすらできる。この映画に出てくる怪物エイリアンはラカンのラメラにあまりによく似ているので、ラカンはこの映画ができる前にこの映画を観たのではないかとさえ思えてくる。この映画には、ラカンが述べていることが全部出てくる。この怪物は滅ぼすことができないように見える。切断しても、増殖するだけだ。特別に薄いが、突然に飛びあがって人間の顔に貼り付く。無限に可塑的で、さまざまに変形する。この怪物の中では、純粋に邪悪な動物性と、機械的で盲目的な執着とが重なり合っている。エイリアンは、純粋な生としてのリビドーであり、破壊することはできず、不死である。スティーヴン・マルホールはこう書いている。

エイリアンの生命形態は（まさに、たんに、単純に）生命そのものである。ある特定の種というより、種とは何か、生物とは何か、自然存在とは何かということの本質である。具現化された、あるいは昇華された〈自然〉であり、生存と生殖という対になったダーウィン的欲動に完全に服従し、その欲動によって完全に消耗させられる、自然界の悪夢のような具現化である。(30)

その怪物性は表象不能であるにもかかわらず、ラメラは依然として〈想像界〉の領域内に留まっている。ただし、表象不能なものの限界まで想像力を広げようと努める、一種のイメージとして。ラメラは〈想像界〉と〈現実界〉が交叉する点に住み着いており、すべてを呑み込み、すべてのアイデンティティを溶かしてしまう原初の深淵として、最も想像界的な次元における〈現実界〉をあらわしている。この深淵の形象は文学ではよく知られており、さまざまな形で描かれてきた——E・A・ポーのメールストローム（大渦巻）、コンラッドの『闇の奥』の結末におけるカーツの「地獄《ホラー》」から、メルヴィルの『白鯨』で、海の底に投げ込まれ、悪魔的な〈神〉を体験するピップまで。

> 彼は生きたまま、神秘の深淵まで引きずり込まれた。そこで、虚ろに開かれた彼の目の前では、いまだに歪曲を知らぬ原初の世界の異様な姿が［……］。そしてピップは、海の蒼穹から巨大な円体を作り上げる、無数の珊瑚虫の、神さながらの営みを見た。彼は、機織の踏み板を踏む神の足を見て、それに呼びかけたのだ。そのために船の仲間たちは彼を狂人と呼んだ。*訳註08（第九十三章「海に棄てられた者」）

このラメラの〈現実界〉は、〈現実界〉の科学的な側面と対立すべきものである。ラカンをたんなる「ポストモダン」の相対主義者として捨て去ろうとする人びとにとって、これは驚きかもしれないが、ラカンは断固たる反ポストモダンである。ポストモダンは、いかなる科学の概念をも、われわれが自分に語る自分の物語にすぎないとして捨て去ろうとする。科学の物語が他の――神話や芸術の――物語よりも優れているように見えるのは、西洋の歴史的に偶然的な「真理の体制」（ミシェル・フーコーによって有名になった術語）のみを基盤としているからである。ラカンにとって、問題はこの科学的〈現実界〉が――

われわれには完全に欠けているものだということである。われわれはそれから完全に離れている。……われわれは、われわれが男として性別化する語る存在(parletres) と、女として性別化する語る存在との関係を全面的には明らかにすることは絶対にできないであろう。(31)

この一節の根底にある考え方は、見かけよりもずっと複雑なので、ここでは厳密に話をすすめる必要がある。われわれ人間を、科学の標的である「真の〈現実界〉」から引き離し、その〈現実界〉を接近不能にしているのは何か。それはわれわれが知覚したものを歪める〈想像界〉

の蜘蛛の巣（錯覚、誤認）でも、「言語の壁」、つまりわれわれがそれを通じて現実と関係する象徴的ネットワークでもなく、もうひとつの〈現実界〉である。この〈現実界〉は、ラカンによれば、人間の性の核心に刻印された〈現実界〉である。「性関係はない」。人間の性は、取り返しのつかない失敗の刻印を押され、性差とは二つの性的立場の対立であり、両者の間に共通分母はない。享楽は根本的喪失という背景があってはじめて得られる。ラメラの神話は、生きた存在が性差の体制に入ったとき（象徴的に規制されたとき）に失うものに形を与える、幻想的な実体をあらわしている。この喪失を指すフロイト派の呼称のひとつが「去勢」である。したがって、ラメラはいわば去勢の肯定的裏返しだということができる。それは去勢されていない残余であり、性差に囚われた生きた身体から切り離された、破壊できない部分対象である。

ここから引き出すべき結論は、ラカンのいう〈現実界〉は、永遠に象徴化を擦り抜ける固定した超歴史的な「核心」という見かけよりも、ずっと複雑なカテゴリーだということである。それはドイツ観念論者イマヌエル・カントが「物自体」と呼んだもの、すなわちわれわれの知覚によって歪曲される前の、われわれから独立した、そこにあるがままの現実とはいっさい無関係である。

……この概念はまったくカント的ではない。私はこのことをあえて強調したい。

もし〈現実界〉という概念があるとしたら、それは極端に複雑で、それゆえ理解不能である。そこから〈すべて〉を引き出すようなふうには理解できないのである。(32)

ではわれわれはどうすれば、〈現実界〉の謎を多少とも明快に理解できるのだろうか。フロイトがその大著『夢判断』の冒頭を飾る夢として選んだ、イルマの注射の夢から始めよう。

この夢があらわしている「潜在思考」*訳註09は、若い女性患者イルマの治療の失敗に対するフロイトの罪悪感と責任感である。夢の前半、すなわちフロイトとイルマが対面している場面の最後で、フロイトは彼女の喉を覗き込む。彼がそこに見たものは、原初的な肉、〈物自体〉としての波打つ生命物質、癌のような忌まわしい腫瘍という形をとった〈現実界〉をあらわしている。夢の後半では、フロイトの友人である三人の医師たちが滑稽な会話を交わし、治療の失敗についてそれぞれが意見を述べるが、最後に、大きく書かれた（トリメチラミンの）化学式が出てくる。このように前半も後半も〈現実界〉を表現するものが登場して終わる。前半はラカンの現実界、つまり恐ろしい無定形の〈物〉としての現実界、後半は科学的現実界、つまり自然の自動的で意味のない機能をあらわす公式の現実界。この違いは、出発点の違いによるものだ。もし〈想像界〉（フロイトとイルマの鏡像的対面）から出発すれば、得られるのは想像的な次元における現実界、つまり想像界そのものを無効にする恐ろしい原初的なイメージである。もし〈象徴界〉（三人の医師たちの意見交換）から出発すれば、得られるのはその人間的な意味の豊かさを剝奪され、無意味な公式の〈現実界〉へと変えられた言語である。

だが、これで話が終わったわけではない。これら二つの〈現実界〉に、第三の、謎にみちた「私は何だか知らない je ne sais quoi」の〈現実界〉を付け加えなければならない。それは普通の物を崇高な物に変える不可解な「何か」、すなわちラカンが〈対象a〉と呼んだものである。SFホラー映画には、スコットの『エイリアン』に出てくる、表象不能で、すべてを貪り食う怪物とは対照的なイメージのエイリアンが登場する作品もある。そのエイリアンは一九五〇年代以降、数多くの映画を通じて不滅の存在になった。そうした映画の代表が『ボディ・スナッチャー』である。平凡なアメリカ人が、人気《ひとけ》のない田舎をドライブしている。車が故障し、彼は助けを求めに、いちばん近くの小さな町へ行く。じきに彼は、その町では何か奇妙なことが進行していることに気づく。その町の人たちの振る舞いは奇妙で、どこか自分自身ではないような感じなのだ。やがて彼は、エイリアンがこの町を占領し、人間の身体に侵入し、植民地化して、内部からコントロールしていることを知る。エイリアンたちはまったく人間そっくりに見えるし、人間そっくりの行動をするのだが、ちょっとした細部（眼がおかしなふうに光るとか、指の間や耳と頭部の間に皮膚が余分についているとか）から彼らの正体がばれる。そのような細部が

『SF／ボディ・スナッチャー』（1978年）

ラカンのいう対象aである。些細な特徴がその持ち主を魔法のようにエイリアンに変身させてしまう。人間とはおよそ似ても似つかないスコットのエイリアンと違って、ここでは人間とエイリアンの違いは最小限で、ほとんど気づかないほどだ。日常的な人種差別においても、これと同じことが起きているのではなかろうか。われわれいわゆる西洋人は、ユダヤ人、アラブ人、その他の東洋人を受け入れる心構えができているにもかかわらず、われわれには彼らのちょっとした細部が気になる。ある言葉のアクセントとか、金の数え方、笑い方など。彼らがどんなに苦労してわれわれと同じように行動しても、そうした些細な特徴が彼らをたちまちエイリアンにしてしまう。

ここで忘れてならないのは、対象aは欲望の原因であり、欲望の対象とは違うということである。欲望の対象は、たんに欲望される対象のことであるが、欲望の原因は、対象の中にあるなんらかの特徴であり、その特徴ゆえにわれわれはその対象を欲望する。それはわれわれがふつう気づかない細部とか癖で、われわれは時としてそれを障害と捉え、この障害があるにもかかわらずその対象を欲望しているのだと誤解することがある。この区別は、憂鬱症《メランコリー》の人は失われた対象の何を失ったのかに気づいていない、というフロイトの説に新たな光を投げかける。憂鬱症者は、失われた対象に固着して、喪の作業ができないでいる主体ではない。彼はむしろ、対象を所有しているが、それに対する欲望を失ってしまった主体である。彼にその対象を欲望させた原因が後退してしまい、その効力を失ってしまったからだ。憂鬱症は、欲望が阻止されたという状況を極端まで推し進めることによって起きるのではなく、欲望していた対象をついに手に入れたにもかかわらず、それに失望したときに起きるのである。

この厳密な意味で、憂鬱症（すべての実体的・経験的対象に失望し、何物も自分の欲望を満足させてくれない状態）は哲学の起源である。生まれてからずっと、ある特定の町に住み慣れてきた人が、もしどこか別の場所に引っ越さなくてはならなくなったら、当然、新しい環境に投げ出されることを考えて、悲しくなるだろう。だが、いったい何が彼を悲しませるのか。それは長年住み慣れた場所を去ることそれ自体ではなく、その場所への愛着を失うという、もっとずっと小さな不安である。私を悲しませるのは、自分は遅かれ早かれ、自分でも気づかないうちに新しい環境に適応し、現在は自分にとってとても大事な場所を忘れ、その場所から忘れられるという、忍び寄ってくる意識である。要するに、私を悲しませるのは、私は現在の家に対する欲望を失うだろうという意識である。

この欲望の対象＝原因の状態は、歪像《アナモルフォーシス》と同じ状態である。絵のある部分が、正面から見ると意味のない染みにしか見えないのに、見る場所を変えて斜めから見ると、見覚えのある物の輪郭が見えてくる。それが歪像だ。だがラカンが言わんとしていることはもっと過激だ。すなわち、欲望の対象＝原因は、正面からみるとまったく見えず、斜めから見たときにはじめて何かの形が見えてくる。文学におけるその最も美しい例は、シェイクスピアの『リチャード二世』の中で、戦に出陣する不運な王を心配している女王を慰めようとする、家来ブッシーのセリフの中にある。

悲しみは、ひとつの実体が二十の影をもっています。
それは影にすぎないのに、悲しみそのもののように見えます。
というのも、悲しみの眼は涙に曇っているため、
ひとつの物がいくつもの物体に分かれて見えるのです。
正面から見るとただの混沌しか見えないのに、

斜めから見るとはっきりと形が見えてくる、
そんな魔法の鏡のように、お妃さまも
国王陛下のご出陣を斜めからご覧になっているので、
実際には存在しない、悲しみの幻影を見てしまわれるのです。〔第二幕第二場〕

ホルバイン『大使たち』（1533年）

これが〈対象a〉だ。それは物質としてのまとまりをもたない実体であり、それ自身は「ただの混沌」であって、主体の欲望と恐怖によって斜めにされた視点から見たときにはじめて明確な形をとる。「実際には存在しない幻影」として。〈対象a〉は奇妙な対象で、じつは対象の領野に主体自身が書き込まれることにすぎない。それは染みにしか見えず、この領野の一部が主体の欲望によって歪められたときにはじめて明確な形が見えてくる。絵画史における最も有名な歪像の例であるホルバインの『大使たち』の主題が死であったことを思い出そう。絵の下のほう、虚飾にみちた人物たちの間に長く延びている、染みのようなものを脇のほうから見ると、頭蓋骨が見えてくる。ブッシーの慰めの言葉は、後のほうのリチャードの独白と並べて読むことができる。リチャードはそこで、王冠の真ん中の空洞には〈死神〉がいるという。その〈死神〉は隠れた主人＝道化で、それがわれわれに王を演じさせ、われわれの威厳を楽しみ、最後にはわれわれの膨れあがった体を針で刺して、われわれを無にしてしまう。

死すべきひとりの人間にすぎない
王のこめかみを取り巻いている中空の王冠の中では
死神という道化師が支配権を握り、
王の威厳を馬鹿にし、王の栄華を嘲笑っているのだ。
束の間の時を与えて、一幕の芝居を演じさせる。
王として君臨し、畏れられ、睨むだけで人を殺し、
城壁のように命を守っているこの肉体が、
難攻不落の金属の壁であるかのように思い込み、
むなしいうぬぼれに膨れあがっていると、

さんざんいい気にさせておいた死神は、小さな針でその城壁に穴を開け、
王よ、さらば、というしだいだ。〔第三幕第二場〕

ふつうは以下のように言われる。すなわち、リチャードは、「王の二つの身体」の区別を受け入れること、そして王のカリスマを奪われたただの人間として生きることが、どうしてもできないでいるのだ、と。しかしこの劇の教訓は、この作業が、ごく簡単なように見えるが、じつは究極的には実行不可能だということである。簡単にいえば、リチャードは自分が王であることを歪像、つまり「実体のない影」がもたらした効果だということに気づきはじめる。しかし、この実体のない幽霊を追い払った後に、生身のわれわれという単純な現実が残るわけではない。つまり、カリスマの歪像と実体のある現実とを単純に対置することはできない。すべての現実は歪像、すなわち「実体のない影」の効果であり、正面から見るとただの混沌しか見えない。だから象徴的同一化を奪われ、「王の座から追われ」た後には何ひとつ残らない。王冠の中にいる〈死神〉はたんなる死ではなく、無へと還元された主体自身であり、それは、王冠を譲り渡せというヘンリーの要求に対して、要するに「私はそれをする『私』を知らない」と答えるときのリチャードの立場に他ならない。

ヘンリー・ボリングブルック　王冠譲渡に同意されるのですね。

王リチャード二世　ああ、いや。ない、いやある。私はもはや無にすぎぬ。
だから「ない」はない。あなたに譲ることにしよう。
さあ、よく見るがいい、私が私でなくなるさまを。
私の頭から、この重い冠をとって、さしあげよう。
私の手から、この厄介な錫杖をとって、さしあげよう。〔第四幕第一場〕

ボリングブルックの質問に対する、この一見混乱した返答は、複雑な論理に依拠しており、ラカンがララング lalangue と呼んだものの見事な実践にもとづいている（ララングはラカンの造語。いかなる規範も寄せ付けない禁断の快楽の空間としての言語。同義性、言葉遊び、「不規則な」隠喩連関と反響がいっしょくたになって混沌としている）。「ああ、いや。ない、いやある（Ay, no; no, ay）」というセリフを声に出して言ったとき、三通りの異なる書き方（そして解釈）ができる。まず、感嘆を示す二つの「ay」を伴った、否定の繰り返しと解釈できる。第二に、シェイクスピアにおける「ay」の最も普通の意味は「yes」であるから、このセリフを「Yes, no; no, yes」というふうに心の揺れを示すものと解釈することもできる。あるいはまた、「ay」を「I」と理解すれば、やはり拒絶と解釈できるが、この場合は「私」の存在そのものの否定にもとづいている。つまり、「私（は）否（と言う。なぜなら、それをする）私（は）ない（のだから）」を凝縮したものと解釈することも可能だ。このことは第四の解釈にもあてはまる。すなわち「私は私を知らない（I know no I）」の意味に解釈することもできる。「あなたは私にそれをしろと言う。だが、あなたは私が無になること、全面的に私でなくなることを望んでいるのだから、それをする私は誰なのだ？　そういう状況だから、それをする、つまり王冠を譲る私はいないのだ」。さらに、シェイクスピアを現代のしゃべり言葉で書き換えるという、有名かつ悪名高い、だが時にはすごく楽しい、アラン・ダーバンドの翻訳に倣って、現代語に訳すこともできよう。

ヘンリー　こんなしょーもないやりとりはもうたくさん。はっきり答えてくださいよ。王冠をくれるんですか、くれないんですか。

リチャード　だめ、だめ、だめ、絶対にだめ。わかった。そこまでいうなら、あげることにしよう。でもその前に、ちょっとした問題に注目してもらいたい。あんたの要求には、厄介で現実的なパラドックスが含まれている。あんたは王冠をよこせと言う。自分が合法的な支配者になるためにね。でもあんたが私をこんな状況に追い込んだせいで、私は無になってしまった。誰でもなくなってしまった。そのおかげで、あんたが要求している任務遂行をまっとうするのに必要な権威が、私から奪われてしまったというわけだ。あんたが命令し、私を支配下においてしまったから、このクソ冠はあげるよ。でも言っておくが、この行為はただの体の身ぶりであって、あんたを王にする本物の儀式じゃないよ。

チャーリー・チャップリンの不朽の名作『街の灯』には、忘れがたい場面がある。主人公の浮浪者が誤ってホイッスルを呑み込んでしまい、しゃっくりの発作に襲われるのだが、それがじつに滑稽な事態を招く。胃の中で空気が動くために、しゃっくりが出るたびに身体の中からピーッと不気味な音がするのだ。困った浮浪者は必死にその音を隠そうとするのだが、どうしたらいいかわからない。この場面が表現しているのは、最も純粋な形の恥ではなかろうか。自分の身体における過剰に直面したとき、私は恥ずかしい。重要なのは、この場面における恥の源泉が音だということである。自分の身体の中から不気味な音、本体のない自動オルガンみたいな音がしてくる。それは私の身体の奥にあるのに、私にはコントロールできない。まるで一種の寄生虫、外からの侵入者のようだ。

以上のことから何がわかるかというと、ラカンにとって、最もラディカルな〈現実界〉は全面的に脱実体化されているということである。それは象徴的ネットワークに捕まることに抵抗する外的な物ではなく、象徴的ネットワークそのものの内部にある割れ目である。〈現実界〉

を、ヴェールに包まれた怪物のような〈物〉のようにイメージすることは究極の疑似餌《ルアー》であり、これに安易に食いつくと、ニューエイジに手を貸すことになってしまう。たとえば、怪物のような〈神〉というジョゼフ・キャンベル〔アメリカの神話学者〕の概念のように。

私が怪物というのは、われわれの調和、秩序、倫理的行動などの基準をすべて爆破してしまうような、何か恐ろしい存在、あるいは化け物です。……それは破壊者の役割をしている〈神〉です。そうした経験は倫理的判断を超越しています。そうした判断は吹き飛ばされてしまうのです。……神は恐ろしい。(33)

ここでの疑似餌は何か。実体をともなう〈物〉としての〈現実界〉に関してラカンがおこなった反転を理解するために、アインシュタインの特殊相対性理論から一般相対性理論への移行を例にとって考えてみよう。特殊相対性理論はすでに歪んだ空間という概念を導入しているが、その歪みを物質の効果と見なしている。物質がそこに存在することによって空間が歪む、つまり空っぽの空間だけが歪まない。一般相対性理論への移行にともなって、因果が逆転する。物質が空間の歪みの原因なのではなく、物質は歪みの結果であり、物質の存在が、空間が曲がっていることを示している。このことと精神分析との間にどんな関係があるのかというと、見かけ以上に深い関係がある。アインシュタインを模倣しているかのように、ラカンにとって〈現実界〉——〈物〉——は象徴的空間を歪ませる（そしてその中に落差と非整合性をもたらす）不活性の存在ではなく、むしろ、それらの落差や非整合性の結果である。

　このことはわれわれをフロイトへと引き戻す。その外傷理論の発展の途中で、フロイトは立場を変えたが、その変化は右に述べたアインシュタインの転換と妙に似ている。最初、フロイトは外傷を、外部からわれわれの心的生活に侵入し、その均衡を乱し、われわれの経験を組織化している象徴的座標を壊してしまう何かだと考えた。たとえば、凶暴なレイプとか、拷問を目撃した（あるいは受けた）とか。この視点からみれば、問題は、いかにして外傷を象徴化するか、つまりいかにして外傷をわれわれの意味世界に組み入れ、われわれを混乱させるその衝撃力を無化するかということである。後にフロイトは逆向きのアプローチに転向する。フロイトは彼の最も有名なロシア人患者である「狼男」の分析において、彼の人生に深く刻印された幼児期の外傷的な出来事として、一歳半のときに両親の後背位性交《コイトウス・ア・テルゴ》（男性が女性の後ろから性器を挿入する性行為）を目撃したという事実を挙げている。しかし、最初にこの光景を目撃したとき、そこには外傷的なものは何ひとつなかった。子どもは衝撃を受けたわけではさらさらなく、意味のよくわからない出来事として記憶に刻み込んだのだった。何年も経ってから、子どもは「子どもはどこから生まれてくるのか」という疑問に悩まされ、幼児的な性理論をつくりあげていったが、そのときにはじめて、彼はこの記憶を引っ張り出し、性の神秘を具現化した外傷的な光景として用いたのである。その光景は、（性の謎の答を見つけることができないという）自分の象徴的世界の行き詰まりを打開するために、遡及的に外傷化され、外傷的な〈現実界〉にまで引き上げられた。アインシュタインの転向と同じく、最初の事実は象徴的な行き詰まりであり、意味の世界の割れ目を埋めるために、外傷的な出来事が蘇生されたのである。

社会的憎悪の〈現実界〉にもまったく同じことがあてはまるのではなかろうか。反ユダヤ主義は社会に内在している憎悪を（ある特定の集団の中に具現化することによって）「物象化」する。反ユダヤ主義は、ユダヤ性を、外側から社会に侵入してその均衡を乱す〈物〉として扱う。純粋な階級闘争からファシスト的反ユダヤ主義への移行において一体何が起きているのかというと、ひとつの敵（ブルジョワジー、支配階級）が別の敵（ユダヤ人）に置き換わっただけでなく、闘争の論理がまったく異なる。階級闘争においては、階級そのものが社会構造に内在している憎悪に囚われているが、反ユダヤ主義者にとってユダヤ人は外部から侵入して社会的憎悪を掻き立てるものであるから、社会的調和を取り戻すためにはユダヤ人を撲滅しなければならない。つまり、〈狼男〉が自分の幼児的性理論をつくりあげるために両親の性交の光景を甦らせたように、ファシスト的反ユダヤ主義はユダヤ人を、社会的退廃を引き起こす怪物的な〈物〉へと祭り上げる。

ラカンはしばしば科学的〈現実界〉に依拠し、精神分析的〈現実界〉の謎を説明するために「自然科学」から例を引いてくるが、それはたんなる比喩なのだろうか。それ自体には認識論的価値はないが、たんに教育的目的のために借用しているのだろうか。それとも二つの領域間には理論的繋がりがあるのだろうか。ラカン自身はそれらの借用を重要視せず、教育的道具のように扱っているが、実際はもっと両義的である。

たとえば彼のいう〈現実界の中の知〉(savoir dans le réel) を扱うような「自然科学」をラカンはどう特徴づけているだろうか。自然界の物や過程の〈現実界〉には自然法則に関する知がじかに書き込まれているように思われる。たとえば、石は落ちるときに重力の法則に従わねばならないことを「知っている」。そこに自然と歴史と違いがあるように思われる。人間の歴史においては「法」は規範であり、忘れられることもあれば、犯されることもある。マンガのある元型的な場面はその滑稽な効果を、まさにその二つの次元の混同に負っている。ネコが崖から飛び出して空中を走っている。下を見下ろし、足の下に何も支えがないことを発見したときにはじめて、ネコは落ちる。自分の体が従わねばならず想起しなければならない自然法則を一次的に忘れていたかのように。これは喜劇だが、悲劇がもたらされることもある。歴史的現実の中である政体が崩壊するとき、われわれはその二つの死、すなわち象徴的な死と自然的な死とを識別できるのではないか。ある政体の寿命が明らかに尽きているにもかかわらず、ある一定期間、その政体が力を持ちつづけるという、妙な時代がいくつかある。まるでその政体が自分の死に気づいていないために生き続けているかのようだ。ヘーゲルが書いているように、ナポレオンはそれに気づくために二度敗北しなければならなかった。一八一三年の最初の敗北はまだたんなる歴史の偶然と見なせないことはないが、ワーテルローでの度重なる敗北は、彼の退位がより深い歴史的必然性をあらわしていることを確証した。

そうした逆説は人間の歴史に固有のものだろうか。最も大胆な量子物理学は、右に触れた、現実界の知を一次的に宙づりにする、つまり「忘れる」というマンガの逆説を認めているように思われる。巨額の金を受け取るために、明日飛行機に乗らなくてはならないのに、チケットを買う金がないとする。だが、もしその航空会社のシステムが、目的地に到着してから二十四時間以内に金を振り込めば、搭乗前に金を払わなかったという事実は誰にも知られない、という仕組みになっていたとしたらどうだろう。同様に、

素粒子のもつエネルギーは、ひじょうに短い時間内であれば、激しく変動しうる。すぐに返済しさえすればエアチケットを買う金を「借りる」ことを「容認」する航空会社の経理システムのように、量子力学は、ハイゼンベルグの不確定性原理によって決定された時間枠内で精算しさえすれば、素粒子がエネルギーを「借り

る」ことを許す。……しかし量子力学にしたがえば、この比喩をさらに大きく一歩進めなければならない。友だちの間を、金を貸してくれと頼んでまわる、強迫的な借金魔がいたとする。……彼は借りては返し、借りては返し、すぐに返済するだけのために、疲れを知らずに借金を繰り返す。……微視的な距離と時間間隔の世界では、これと同じようなエネルギーと運動量の目まぐるしい出入りがたえず起きている。[34]

かくして、たとえ真空中でも、〈無〉から素粒子が出現する。未来からエネルギーを「借り」て、システムがその借用に気づく前に（消滅することによって）それを返済する。借用と消滅が繰り返され、一方が他方から借用し、借金を別の人に肩代わりさせ、返済を遅らせる、というふうにネットワーク全体が機能することもありうる。その前提になっているのは、非情な現実の中の物と、その現実が（〈大文字の他者〉の）なんらかの媒体に登録されることとの、極小の落差である。前者に対して後者が遅れれば、その間だけごまかすことができるのだ。量子物理学が奇妙なのは、その存在に関して、「現実に」ごまかすことができるという点だ。

量子物理学の偉大な敵であるアインシュタインの相対性理論にも、ラカンの理論との意外な類似が見られる。相対性理論の出発点は、どのような方向にどのような速度で進む観察者にとっても、光の速度に同じだという奇妙な事実である。これと同じように、ラカンにとって、欲望する主体が欲望の対象に近づこうとそれから遠ざかろうと、その対象はつねに主体から同じ距離にあるように見える。いくら走っても、足はその場に釘付けになっているという、夢で体験するあの恐ろしい状況を経験したことのない人はないだろう。この逆説は、欲望の対象と原因の違いによってきれいに解決される。どんなに欲望の対象に近づいても、欲望の原因は遠くにあって手が届かないのである。さらにその上、一般相対性理論は、歪んだ空間という概念によって、観察者にとってのすべての運動の相対性と、光の絶対的速度（光は観察者の位置にかかわらず一定速度ですすむ）との矛盾を解決する。同じように、主体が欲望の対象に近づいたり遠ざかったりすることと、欲望の対象＝原因の速度（と主体からの距離）は一定であることとの矛盾の、フロイト的な解決の鍵は、欲望の歪んだ空間の中にある。時として、欲望を実現するためのいちばんの近道は、その対象＝ゴールを避け、回り道をし、対象との遭遇を延期することである。ラカンのいう〈対象a〉とはこの歪みの代理人である。それは不可解なXであり、これのために、われわれは自分の欲望の対象と遭遇したとき、直接にそれに向かうよりもそのまわりを踊りながら回ったほうがずっと満足度が高い。

現代の物理学は奇妙な二重性に囚われている。自然が巨視的な（宇宙的な）次元でいかに機能するかを最もよく説明するのは相対性理論であり、自然が微視的な（原子より小さい）次元でいかに機能するかを最もよく説明するのは量子物理学である。問題は、この二つの理論は両立しえないということである。そのため現代の物理学の中心的課題は、両者を和解させる「統一された」万物の理論を公式化することである。それと同じような二重性がフロイト理論に見られることは驚くべきことではない。一方は、無意識の解釈学、夢や言い違いなどの「失錯」の解釈、症候（フロイトの初期の三大傑作、『夢判断』『日常生活の精神病理学』『ジョークとその無意識との関係』がその手本である）。他方は、心的装置を、リビドー・エネルギーを処理し、欲動の変容（「変遷」）をもたらす機械として捉える、よりポジティヴな説明（その代表的著作はフロイトの性欲論三編である）。概念のレベルで、この分裂をいちばんよく例証しているのは、フロイトが時どき交換可能だとして用いる二つの術語、すなわち〈無意識〉（その形成物をわれわれは解釈する）と〈エス〉（無意識的エネルギーのある場所）である。このフロイト理論の二つの顔をどう和解させたらいいのだろうか。後期ラカンの数多い造語のひとつがサントーム（その音からは「聖トマス」「健康なトーン」「合成人間」などさまざまなものが連想される）である。症候（無意識の暗号化されたメッセージ）とは対照的に、サントームはいわば享楽の原子、言語と享楽の極小の総合、享楽が浸透した記号の単位（われわれが強迫的に反復するチックのようなもの）である。サントームとは享楽の量、その最小のパッケージではなかろうか。現代物理学の二つの顔である相対性理論と量子力学を両立させることをめざす「超ひも理論」に相当する、精神分析理論ではなかろうか。

ラカンは、フロイトがつねに強調した精神分析と自然科学の繋がりを無視しているとして、しばしば批難されたが、ラカンの著作の中ではこの繋がりが元気に生き延びている。

5

自我理想と超自我

『カサブランカ』を観るラカン

✢

楽しみを強制するものはない。超自我を除いて。超自我は享楽の命令である。「楽しめ！」[35]

享楽（jouissance）は英語のenjoymentにあたるが、ラカンの英訳者たちはしばしば、その過剰でまさしく外傷的な性格を伝えるために、フランス語のままにしている。享楽はたんなる快楽ではなく、快感よりもむしろ痛みをもたらす暴力的な闖入である。われわれはふつうフロイトのいう超自我をそのようなものとして捉えている。すなわち、われわれに無理な要求を次々に突きつけ、われわれがその要求に応えられないでいるのを大喜びで眺めている、残酷でサディスティックな倫理的審級として。だからラカンが享楽と超自我の間に等号をおいたのは不思議ではない。楽しむというのは、自分の自発的傾向に従うことではなく、むしろ、いわば気味の悪い、歪んだ倫理的義務としておこなうものである。

予想外とはいえ、この単純なテーゼの中には、ラカンによるフロイトの読み方が凝縮されている。フロイトは、主体を倫理的行動に駆り立てる媒体を指すのに、三つの異なる術語を用いている。理想自我（Idealich）、自我理想（Ich-Ideal）、超自我（Über-Ich）である。フロイトはこの三つを同一視しがちで、しばしば「自我理想あるいは理想自我（Ichideal oder Idealich）」といった表現を用いているし、薄い本である『自我とエス』第三章のタイトルは「自我と超自我（自我理想）」となっている。だがラカンはこの三つを厳密に区別した。「理想自我」は主体の理想化された自我イメージを意味する（こうなりたいと思うような自分のイメージ、他人からこう見られたいという思う自分のイメージ）。〈自我理想〉は、私が自我イメージでその眼差しに印象づけたいと願うような媒体であり、私を監視し、私に最大限の努力をさせる〈大文字の他者〉であり、私が憧れ、現実化したいと願う理想である。超自我はそれと同じ媒体の、復讐とサディズムと懲罰をともなう側面である。この三つの術語の構造原理の背景にあるのは、明らかに、〈想像界〉〈象徴界〉〈現実界〉というラカンの三幅対である。理想自我は想像界的であり、ラカンのいう「小文字の他者」であり、自我の理想化された鏡像である。自我理想は象徴界的であり、私の象徴的同一化の点であり、〈大文字の他者〉の中にある視点である（私はその視点から私自身を観察し、判定する）。超自我は現実界的で、無理な要求を次々に私に突きつけ、なんとかその要求に応えようとする私の無様な姿を嘲笑する、残虐で強欲な審級であり、私が「罪深い」奮闘努力を抑圧してその要求に従おうとすればするほど、超自我の眼から見ると、私はますます罪深く見える。見世物的な裁判で自分の無実を訴える被告人についてのシニカルで古いスターリン主義のモットー（「彼らが無実であればあるほど、ますます銃殺に値する」）は、最も純粋な形の超自我である。

これらの厳密な区別から、ラカンにとって、超自我は「その最も強制的な要求に関しては、道徳意識とはなんの関係もありません」[36]。それどころか超自我は反倫理的な審級であり、われわれの倫理的裏切りの烙印である。では残りの二つのうち、どちらが倫理的な審級なのか。アメリカの一部の精神分析家が提案してきたように、「悪い」（非合理的で過剰で残虐で不安を掻き立てる）超自我に対抗して、「良い」（合理的で穏健で思いやりのある）超自我を立ち上げ、患者に「悪い」超自我を追い払わせ、「良い」超自我に従わせるべきなのか。ラカンはこの安易な方法を却下する。ラカンにとって、唯一の正しい審級は、三つからなるフロイトのリストにはない第四の審級、すなわちラカンが時おり「欲望の法」と呼ぶ、欲望に従って行動せよとあなたに命令する審級である。ここで重要なのは、「欲望の法」と自我理想（主体が教育を通じて内在化する社会的・象徴的規範と理想のネットワーク）との差異である。ラカンにとって、道徳的成長と成熟へと導く、自我理想という一見善意にみちた審級は、現存する社会的・象徴的秩序の「理に叶った」要求を採用することによって、「欲望の法」を裏切るよう強いる。過剰な罪悪感をと

『カサブランカ』(1942年)

もなら超自我はたんに自我理想の必然的な裏返しであり、われわれに「欲望の法」を裏切らせるために、耐えがたい圧力をかけるのだ。超自我の圧力の下でわれわれが経験する罪悪感は幻想的なものではなく実際の罪悪感である。「ひとが罪悪感を持ちうる唯一のことは、自分の欲望に関して譲歩したこと[37]」であり、超自我の圧力はわれわれが自分の欲望を裏切ったことについて実際に罪があるのだということを示している。

　自我理想と超自我を隔てる差異の例を挙げよう。それはハリウッドの最高傑作のひとつ、マイケル・カーティスの『カサブランカ』の三分の二くらいまですすんだところにある、有名な短い場面だ[38]。イルゼ・ルント（イングリッド・バーグマン）がリック・ブレイン（ハンフリー・ボガート）の部屋にやってくる。彼女の夫でレジスタンスの指導者であるヴィクター・ラズロといっしょに、カサブランカからポルトガル経由でアメリカに行くための通行証を手に入れるためだ。リックが渡すのを拒否すると、彼女は銃を取り出し、リックを脅すが、彼はこう言う。「さあ、撃ちたまえ。願ってもないことだ」。イルゼは崩れるようにすわり、涙ながらに、パリで彼を捨てたいきさつを語り始める。彼女が「私がどんなにあなたを愛していたか、いまもどんなに愛しているか、わかってくれたら」と言うところには、抱き合っている二人がクロース・アップで映る。シーンはディゾルヴして、三・五秒間だけ、サーチライトが回っている夜の空港の管制塔が映り、リックの部屋の窓を外から映したショットへとふたたびディゾルヴする。彼は窓辺に立ち、外を見ながら、タバコを吸っている。彼は部屋の中を振り返り、彼女に「それから？」と尋ねる。彼女は話の続きを始める。

ここですぐに頭をもたげる疑問は、いうまでもなく、その間に、すなわち空港が映っていた三・五秒間に何があったか、という疑問だ。二人はそれをしたのか、しなかったのか。モールトビーはこの点に関して、われわれが観ているものはたんに曖昧なのではない、という正鵠を射た指摘をしている。むしろこの場面はイエスとノーという、二つの明確な、だが相反する意味を伝えている。二人はそれをしたという明確な信号を発していると同時に、したはずがないという、これまた明確な信号を発している。まず一方では、一連のコード化された特徴が、二人がそれをしたことを示しており、三・五秒間ショットはもっとずっと長い時間をあらわしている（カップルが情熱的に抱き合った画面がディゾルヴするという撮り方は、伝統的に、フェイド・アウトの後で行為がおこなわれることを意味している。性行為の後のタバコも、男根を連想させる塔という通俗的なイメージも、オーソドックスな信号だ）。他方、同じような一連の特徴が、何もなかったことを示している。空港の塔が映る三・五秒は実際の時間をあらわしている（背景にあるベッドは乱れていない。会話は中断なしに続行しているようだ）。空港でのリックとラズロの最後の会話でも、二人は率直に前夜の出来事に触れるが、彼らの言葉も二通りに解釈できる。

リック　イルゼと私のことを知っていると言ったのかい？
ヴィクター　そうだ。
リック　きみは……ゆうべ彼女が私の部屋にいたことを知らなかった。通行証を手に入れるために来たんだ。そうだね、イルゼ？
イルゼ　ええ。
リック　彼女は通行証を手に入れるために、あらゆる手段に訴えたが、どれもうまくいかなかった。彼女は懸命に、まだ私を愛していることを、私に納得させようとした。遠くの昔に終わったことだ。彼女はきみのために、終わっていないようなふりをしたんだ。私はそうさせておいた。

ヴィクター わかるよ。

ヴィクターはわかったかもしれないが、私はさっぱりわからない。彼らはしたのか、しなかったのか。モールトビーによれば、この場面が例証しているのは、『カサブランカ』が「同じ映画館で並んですわっている二人の観客、すなわち『素朴な』観客と『すれっからしの』観客に、それぞれ別々の快楽を与え、両方をそれぞれ満足させられるように、入念に組み立てられている」ということである。[39] 表面的な物語の流れというレベルでは、素朴な観客には、厳格な道徳コードを遵守している映画に見えるように作られているが、同時に、すれた観客に対しては、もっと性的に大胆な物語を示唆するような手がかりをじゅうぶんに与えている。この戦略は見かけよりも複雑である。それはひとえに、自分がいわば公式の物語によって「守られて」おり、「罪悪感を免除されて[40]」いるおかげで、下品な空想に耽ることが許されているということを、観客が知っているからである。観客はその空想が「重大な」ものではなく、〈大文字の他者〉の眼には止まらないことを知っている。一点だけモールトビーの分析に訂正を加える必要があるだろう。それは、並んですわっている二人の観客を想定する必要などないということだ。ひとりの観客でじゅうぶんなのである。

ラカン的に説明すると、肝腎の三・五秒間に、イルゼとリックは〈大文字の他者〉(この場合は公の外観の礼儀正しさ。これを破ってはならない)のためにはそれをしなかったが、下品な想像力による空想のためにはそれをしたのである。これは最も純粋な内在的侵犯の構造である。ハリウッド映画は両方のレベルを必要とするのである。いうまでもなく、このことはわれわれを自我理想と猥褻な超自我との対立へと連れ戻す。自我理想(ここでは公的・象徴的な法、つまりわれわれが公的な会話において遵守しなければならない一連の規則と等しい)のレベルでは、何一つ問題は起きず、テクストは清潔だが、もうひとつのレベルでは、テクストが観客に「楽しめ!」(つまり、自分の下品な空想に身を任せろ!)という超自我の命令を休みなしに発している。繰り返すと、ここにあるのは物神崇拝的な分裂、すなわち「私は知っているが、それでも……(Je sais bien, mais quand même...)」の明快な一例である。二人はそれをしなかったという意識があるからこそ、それとは正反対の結論に飛びつくことができるのである。観客は自分の空想に耽ることができる。〈大文字の他者〉にとっては彼らはそれをしなかったという事実のおかげで、観客は罪を免れている。見かけこそが重要なのだ。観客はいくらでも下品な空想に耽ってかまわないのだが、大事なのは、それほど下品ではないヴァージョンが象徴的な方の公共領域に組み入れられ、〈大文字の他者〉に記録されなければならないということである。そうした二重の読解が可能なのは、象徴的な法が妥協するからではない。法が関心を寄せるのは外観を保つということであり、公共領域を侵害しない限り、観客は自由に自分の空想に耽ってかまわないのである。法そのものが、それを補完する猥褻なものを必要とし、それによって支えられているのである。

一九三〇年代・四〇年代の悪名高いヘイズ・コード（映画製作倫理規定）はたんなるネガティヴな検閲規定だったわけではない。ヘイズ・コードは過剰をじかに描写することを禁じたが、このコード自体が、その過剰そのものを生み出すポジティヴな（フーコーだったら生産的といったであろう）法制化であり、規制だった。この禁止が正しく機能するためには、非合法的な物語のレベルでは実際には何が起きているかについての明確な意識に依存しなければならなかった。ヘイズ・コードはたんにある種の内容を禁止したのではなく、むしろ暗号化された表現をコード化したのである。スコット・フィッツジェラルドの未完の小説『ラスト・タイクーン』で、映画プロデューサーである主人公モンロー・スターが脚本家たちに与える有名な指示はこうだ――

われわれの目の前で、彼女がスクリーンに映ると、いつでも、一瞬ごとに、彼女はケン・ウィラードと寝たがる。……彼女のすることなすこと、すべてはケン・ウィラードと寝る代償だ。街を歩くときは、ケン・ウィラードと寝るために歩いている。食事をするのは、ケン・ウィラードと寝るための体力をつけるためだ。だが、二人が正当に認められるまでは、彼女がケン・ウィラードと寝ることばかり考えているなどという印象は、どんなときでも、いっさい与えてはならない。(41)

ここからわかるのは、根本的な禁止が、ネガティヴに機能するどころか、最もありふれた日常的な出来事を過度に性的なものにしてしまうということである。街を歩くことから食事をすることまで、この飢えた哀れなヒロインのすることなすことすべてが、恋人と寝たいという彼女の欲望の表現に変容させられる。この根本的な禁止は本質的にひねくれている。なぜならこの禁止は不可避的に、再帰的などんでん返しを起こさずにはいられず、そのおかげで、禁止されている性的内容に対する防御それ自体が過剰な性化を引き起こし、それがすべてに浸透してしまう。検閲の役割は見かけよりもはるかに両義的なのだ。当然、こうした見方に対しては次のような反論が出るだろう。すなわち、この議論はうかつにもヘイズ・コードを、支配システムにとって直接的な黙認よりも脅威的な価値転倒機械に祭り上げているのではないか？　ストレートな検閲が厳しくなればなるほど、それによって生まれる意図しなかった副産物がより価値転倒的になるというのか？　こうした批難に対しては、以下のことを強調しておこう。意図しなかったひねくれた副産物は、象徴的支配システムを直接に脅かすものではなく、システムに組み込まれた侵犯であり、見えないところでシステムを支えている猥褻なものなのである。
西洋の文学においてこのことをじゅうぶん知っていたのはユリシーズ（オデュッセウス）であり、天才シェイクスピアは『トロイラスとクレシダ』において、ユリシーズのこの側面を描いている。今日なお、この劇が解釈者の間で混乱を引き起こしているのも無理はない。第一幕の戦術会議で、ギリシア《グリーク》の（今だったら「ダビャ語」[*訳註10]と呼ばれるであろうような台詞の中で、シェイクスピアは「グレシアン」と書いている）将軍たちが、八年も戦っているにもかかわらずいまだにトロイを陥落できない原因についてあれこれ議論している。ユリシーズが、伝統的な「古い価値観」の立場から、会議に口を挟み、ギリシア軍の失敗について、個々人がそれにふさわしい地位につく、中央集権的な階層秩序を無視したことが原因だと説明する。

それは法の特性が無視されてきたからであります。
ばらばらになった党派さながら、この平原にばらばらと立っている
たくさんのギリシアのテントをごらんなさい。
あらゆる高尚なもくろみへの梯子である
序列がぐらついてしまうと、

事業は成就しません。
社会も、学校も、同業組合も、
海を越えた平和な貿易も、
長子の相続権も、年長者の特権も、
王冠、王錫も、月桂冠の大権も、
すべては序列がなければ位置を保てないのです。
序列を排して、その弦の調律を狂わせれば、
耳障りな不協和音が生じるばかり。
あらゆるものが対立し、抗争します。
おだやかな海も岸辺より高くふくれあがり、
この堅固な地球をいたるところで水浸しにします。
強いものが弱いものを支配し、
乱暴な息子が父親を殴り殺し、
力が正義となるのです。正と不正の区別がなくなり、
両者の果てしない葛藤を裁くべき正義の女神も
その名を失うのです。

かくして、すべてが力の中におさまり……

みんなが権力をもつという民主主義の悪夢を最終的にもたらす、この崩壊の原因は何なのか。劇の後のほうで、戦に加わるようアキレスを説得する際、ユリシーズは、自然な階層秩序を少しずつ蝕む破壊力としての「時」の比喩を持ち出す。時が経つにつれ、かつての英雄的な偉業は忘れられ、いにしえの栄光は新しい英雄に消されてしまう。だから戦士の栄光の中に輝き続いていたいのなら、戦に加われ、と。

「時」は背中に袋をしょって
忘却に食わせる施しものを入れていく。
忘却の巨大な化け物だ。
残飯の施しものとは過去の功績。
たてたそばから貪り食われ、
瞬く間に忘れ去られる。
たえず磨きつづければ、名誉は輝きを保つが、
いったん手を休めれば、誰からも見捨てられてしまう。

骨董屋に飾られた、錆びついた鎧のように。

過去の美徳に対する報酬を求めてはなるまい。
美も、智恵も、家柄も、体力も、功績も、
恋も、友情も、慈悲も、すべてはあの
意地悪で抽象好きな「時」の家来なのだから。〔第三幕第三場〕

ここでのユリシーズの戦略はひじょうに曖昧だ。最初のアプローチでは、彼はたんに「序列」（秩序ある社会的階層）の必要性をめぐる自分の主張を繰り替えているだけで、時間を、古い真の価値を蝕む力として描いている。これは超保守的なモチーフだ。しかし、もっと細かく読んでみると、ユリシーズが自分の議論にひとつシニカルなひねりを加えていることがわかる。われわれはどうしたら時間と戦い、古い価値を生き延びさせることができるのか。古い価値を守り抜くのではなく、残酷な操作、欺瞞、そしてひとりの英雄と別の英雄を対立させるといった、猥褻な現実的政治（Realpolitik）によって、古い価値を補完すべきなのである。この汚い裏面、この隠された不調和のみが、調和を保つことができるのだ（ユリシーズはアキレスの嫉妬を弄び、羨望を引き合いに出す。嫉妬こそが階層秩序を乱す。嫉妬は、その人が社会内における自分の低い地位に満足していないことを示しているのだから）。時間の効力に対抗し、「序列」という階層的秩序を維持するには、密かに嫉妬心を操る、すなわちユリシーズがその最初の演説で讃えている規則や価値そのものを破る必要があるのだ。これはひょっとしたら、ハムレットの有名な台詞、「時は関節が外れている。なんと忌々しいことか、それを直すために生まれてきたとは」の、ユリシーズ版なのかもしれない。「それを直す」唯一の方法は、〈古い秩序〉の侵犯に対し、その内在的侵犯によって、つまりその〈秩序〉に仕えるために密かに編み出された罪によって、対抗することだ。このためにわれわれが払う代償は、このようにして生き延びた〈秩序〉はそれ自身のパロディであり、〈秩序〉の冒瀆的な複製だということである。

　公的な法はなんらかの隠された超自我的猥褻さによる支えを必要とするという事実が、今日ほど現実的になったことはかつてない。ロブ・ライナー監督の『ア・フュー・グッド・メン』を思い出してみよう。ふたりの米海軍兵士が、同僚を殺した罪で軍法会議にかけられる。軍検察官は計画的殺人だと主張するが、弁護側（トム・クルーズとデミ・ムーアという最強コンビだから裁判に負けるはずがない）は被告人たちがいわゆる「コード・レッド」に従っただけなのだということを立証してみせる。この掟は、海兵隊の倫理基準を破った同僚を夜ひそかに殴打してもよいという、軍内部の不文律だった。このような掟は違法行為を有恕するものであり、非合法であるが、同時に集団の団結を強化するという役目をもっている。夜の闇に紛れ、誰にも知られず、完璧におこなわれなければならない。公の場では、誰もがそれについて何も知らないことになっている。いや積極的にそのような掟の存在を否定する（したがって映画のクライマックスは、予想通り、殴打を命じた将校ジャック・ニコルソンの怒りの爆発である。彼が公の場で怒りを爆発させたということは、彼の失脚を意味する）。

このような掟は、共同体の明文化された法に背いている一方で、共同体の精神を純粋な形で表象し、個々人に対して強い圧力をかけ、集団への同一化を迫る。明文化された〈法〉とは対照的に、このような超自我的で猥褻な掟は本質的に、人から見えない所で密かに口にされる。そこに、フランシス・コッポラの『地獄の黙示録』の教訓がある。カーツ大佐という人物は野蛮な過去からの生き残りなどではなく、現代の権力そのもの、〈西洋〉の権力の必然的結果である。カーツは完璧な兵士だった。そしてそれゆえに、軍の権力システムへの過剰な同一化を通じて、そのシステムが排除すべき過剰へと変身してしまったのである。『地獄の黙示録』の究極の洞察はこうだ――権力はそれ自体の過剰を生み出し、それを抹殺しなければならなくなるが、その操作は権力が戦っているものを映し出す（カーツを殺すというウィラードの任務は公式の記録には残らない。ウィラードに命令を下す将軍が指摘するように、「それは起きなかった」ことなのである）。

ここでわれわれは秘密作戦、すなわち権力がそれを認めることなくおこなう作戦の領域に足を踏み入れる。二〇〇五年十一月、アメリカ副大統領ディック・チェイニーはこう述べた――

テロリストを撲滅するためには、「いわば闇の部分でも……仕事をしなければならない。やらなければならない仕事の大部分は、議論抜きで、秘かにおこなわれなければならない」。まるで生き返ったカーツが話しているかのようだ。二〇〇四年の中頃にＮＢＣで放映された、グアンタナモの囚人たちの運命をめぐる討論で、彼らが受けている待遇は倫理的にも法的にも許容範囲内だという妙ちくりんな主張のひとつに、こんなのがあった。「彼らは爆弾が殺し損なった連中だ」というのだ。彼らは米軍による空爆の標的であり、空爆は合法的な軍事行動の一部だったのだから、その後で捕らえられたとしても、その運命に不平を言うべきではないというわけだ。要するに、どんな待遇であろうと、死んだよりはましだ、と。この推論はその意図以上のことを語っている。この推論は囚人たちをほとんど文字通りに「生ける死者」、すなわちある意味ですでに死んでいる人間にしてしまっている（彼らは殺人を目的にした空爆の標的にされたことで、生きる権利を失ったのだ）。かくして彼らはいまやジョルジョ・アガンベン〔現代イタリアの哲学者〕がホモ・サケル（homo sacer）と呼ぶものの実例になってしまっている。彼らを殺しても罪に問われることはない。彼らの生命はもはや法的には無だからである。もしグアンタナモの囚人たちが「二つの死の間」の空間に置かれ、ホモ・サケル、すなわち法的には死んでいる（法的な権利を奪われている）が、生物学的にはまだ生きている者の立場に立たされているとしたら、彼らをそのように扱うアメリカ政府もまた一種の中間的な法的立場、つまりホモ・サケルに対応するような立場にいる。法的権力として行動しながら、その行動はもはや法によって守られても束縛されてもいない。彼らは、いまだに法の領域内である空っぽの空間で行動しているのだ。

二〇〇五年十一月、ブッシュ大統領は「われわれは拷問はしていない」と声高に主張しつつ、同時に、ジョン・マケインが提出した法案、すなわちアメリカの不利益になるとして囚人の拷問を禁止する（ということは、拷問があるという事実をあっさり認めた）法案を拒否した。われわれはこの無定見を、公的言説、つまり社会的自我理想と、猥褻で超自我的な共犯者との間の引っ張り合いと解釈すべきであろう。もしまだ証拠が必要ならば、これもまたフロイトのいう超自我という概念が今なお現実性を保っていることの証拠である。

6

「神は死んだが、死んだことを知らない」

ボボークと遊ぶラカン

✢

父の機能を基礎づけるのは父親殺しだと主張さえしてフロイトが父なるものを守っているように、無神論の真の公式は「神は死んだ」ではなく、「神は無意識的である」である。[42]

この一説を正しく理解するには、ラカンのもうひとつ別の命題と併せて読む必要がある。この二つの陳述は、合わせるとひとつの首尾一貫した命題ができあがる、パズルのピースのようなものだ。二つを繋げたときにはじめて（さらに、フロイトが挙げている、自分が死んでいることを知らない父親の夢を加えると）[43]、ラカンの基本的命題の全体を展開することができる。

ご存じのように、カラマーゾフの息子イワンは、教養ある男が考えそうな大胆な道へと父

親を導き、何よりもこう言います、「もし神が存在しなければ……」。「もし神が存在しなければ、そのときにはすべてが許される」と父は言います。明らかに素朴な考え方です。というのも、われわれ分析家は、神が存在しなければそのときはもはや何も許されないということを知っていますから。神経症者が毎日そのことを教えてくれます。(44)

現代の無神論者は、自分は神が死んだことを知っていると思っている。彼が知らないのは、自分が無意識のうちに今なお神を信じているということだ。現代人の典型的なイメージはもはや、自分の信仰に対する疑念をひそかに抱いていて、戒律に背く幻想に耽る信者ではない。今日では、主体は寛容な快楽主義者を自称し、幸福の追求に没頭しているが、その無意識には禁止がたくさん詰まっている。抑圧されているのは禁断の欲望や快感ではなく、禁止そのものである。「もし神が存在しなければ、そのときはすべてが禁じられる」ということは、自分を無神論者と見なせば見なすほど、その人の無意識はますます禁止によって支配され、その禁止が快楽を妨害するということである（この命題を反対の命題、すなわち「もし神が存在すれば、そのときはすべてが許される」という命題で補うことを忘れてはならない。これは宗教の原理主義者の立場の最も簡潔な定義ではなかろうか。原理主義者にとって神はじゅうぶんに存在している。原理主義者は自分を神の道具と見なしている。だから彼は自分のしたいことが何でもできる。彼の行為はあらかじめ免責されている。彼は神の意志を体現しているのだから)。

このように、抑圧的な権威の没落は、自由をもたらすどころか、より厳格な禁止を新たに生む。この逆説をどう説明したらいいのか。誰もが子どもの頃からよく知っている状況を思い出してみよう。ある子が、日曜の午後に、友だちと遊ぶのを許してもらえず、祖母の家に行かなくてはならないとする。古風で権威主義的な父親が子どもに与えるメッセージは、こうだろう。「おまえがどう感じていようと、どうでもいい。黙って言われた通りにしなさい。おばあさんの家に行って、お行儀よくしていなさい」。この場合、この子が置かれた状況は最悪ではない。したくないことをしなければならないわけだが、彼は内的な自由や、(後で)父親の権威に反抗する力を取っておくことができるのだから。「ポストモダン」の非権威主義的な父親のメッセージのほうがずっと狡猾だ。「おばあさんがどんなにおまえを愛しているか、知っているだろ? でも無理に行けとはいわないよ。本当に行きたいのでなければ、行かなくてもいいぞ」。馬鹿でない子どもならば(つまりほとんどの子どもは)、この寛容な態度に潜む罠にすぐ気づくだろう。自由選択という見かけの下に潜んでいるのは、伝統的・権威主義的な父親の要求よりもずっと抑圧的な要求、すなわち、たんに祖母を訪ねるだけでなく、それを自発的に、自分の意志にもとづいて実行しろという暗黙の命令である。このような偽りの自由選択は、猥褻な超自我の命令である。それは子どもから内的な自由をも奪い、何をすべきかだけでなく、何を欲するべきかをも指示する。

もう何十年も前からラカン派の間では、〈大文字の他者〉の知がもつ重要な役割を例証する古典的なジョークが流布している。自分を穀物のタネだと思いこんでいる男が精神病院に連れてこられる。医師たちは彼に、彼がタネではなく人間であることを懸命に納得させようとする。男は治癒し（自分がタネではなく人間だという確信がもてるようになり）、退院するが、すぐに震えながら病院に戻ってくる。外にニワトリがいて、彼は自分が食われてしまうのではないかと恐怖に震えている。医師は言う。「ねえ、きみ、自分がタネじゃなくて人間だということをよく知っているだろ?」患者は答える。「もちろん私は知っていますよ。でも、ニワトリはそれを知っているでしょうか?」ここに精神分析治療の真の核がある。症候の無意識的真理を患者に納得させるだけでは十分ではないのだ。無意識そのものにこの真理を引き受けさせなければならないのである。

商品の物神性《フェティシズム》というマルクス主義理論にも同じことがあてはまる。

一見したところ、商品はきわめて明白で平凡な物に見える。だがそれを分析してみると、形而上学や神学の細かな問題が一杯詰まった、ひじょうに複雑な物であ

ることがわかる。(45)

マルクスは、ふつうの啓蒙主義的な言説とはちがって、（神秘的で神学的な実体であるように見える）商品が「ふつうの」日常的な過程から生まれるということを主張しているのではない。彼は反対に、批判的分析の仕事とは、一見するとごくふつうの物に見えるものの中から「形而上学や神学の細かな問題」を発掘することだと主張しているのだ。商品の物神崇拝（商品は内在的・形而上学的力をそなえた魔法の品物だというわれわれの確信）を、われわれの心の中に位置づけてはならない。つまりそれは、われわれが現実をどう（誤）認識しているかという問題ではない。そうでなくて、社会的現実そのものの中に位置づけなくてはならない。いいかえると、マルクス主義者が物神崇拝にどっぷり浸かったブルジョワ的主体と出会ったとき、その主体に対するマルクス主義者の批難は、「商品は、あなたの目には特別な力をそなえた魔法の品物のように見えるかもしれないが、じつは人間と人間の関係の洗練された表現にすぎないのだ」というのではなくむしろ、「商品は、あなたの目には社会関係の単純な具現化に見えると（たとえば金は、自分が社会的産物の一部になるための一種の証明書にすぎないと）思っているかもしれないが、本当はそう見えていないはずだ。あなたは自分の社会的現実の中で生き、社会的交換に参加しているために、本当に商品が特別な力をそなえた魔法の品物のように見えるという不気味な現実を目撃しているのだ」というふうなものであるべきだ。ブルジョワ的主体がマルクス主義の講義を聴講し、商品の物神崇拝について習ったとしよう。講義の後、彼は講師のところに行って、自分はいまだに商品の物神崇拝の犠牲者だと訴える。講師はこう答える。「でも商品の正体がわかったはずですよ。つまり商品は社会的諸関係の表現にすぎず、魔術的なところはまったくないということを」。これに対して、聴講生はこう言い返す。「もちろんわかっています。でも私が扱っている商品はそれを知らないようなんです」。ラカンが、唯物論の真の公式は「神は存在しない」ではなく「神は無意識的である」だと主張したとき、彼が言わんとしたのはまさにこのことである。マックス・ブロート宛の手紙で、カフカの恋人ミレナ・イェセンスカがカフカについて書いていることを思い出そう。

あの人にとって、まったくもって神秘的なのは、何よりも、お金、株式取引所、外国為替局、タイプライターなのです（これらはたしかに神秘的です。私たち他の人間にはそうでないだけです）[46]。

ここでイェセンスカはカフカのいちばんマルクス主義的な部分に触れている。ブルジョワ的主体は、金には魔術的なところはまったくないこと、金はただの物であって、一連の社会的諸関係を表現しているにすぎないことを知っているが、それにもかかわらず彼は現実生活では、金が魔法の品物であると信じているかのように行動する。このことがカフカの世界への鋭い洞察を与えてくれる。カフカは、われわれ「普通人」が否認する幻覚的確信をじかに経験できたのだ。カフカの「魔法」とは、マルクスが商品の「神学的奇形性」と呼ぶものだ。大昔には、われわれは公には信じているふりをしながら、心の奥底では疑い、公の確信を猥褻に揶揄することに耽っていたが、今日、われわれはむしろ自分の懐疑的で快楽主義的でリラックスした態度を公に表明しながら、心の中ではいまだに確信の厳しい禁止に囚われている。この背景を踏まえたときにはじめて、ドストエフスキーの誤りを正しく位置づけることができる。ドストエフスキーは「ボボーク」において、「神が存在しなければ、そのときはすべてが許される」という観念を最もラディカルな形で示した。「ボボーク」は彼の最も不気味な短編小説で、今日なお解釈者たちを当惑させているほどだ。この奇妙で「病的なファンタジー」はたんに作者自身の心の病の産物にすぎないのだろうか。それとも神聖冒瀆、すなわち聖書に書かれた神の〈啓示〉の真理をパロディにしてしまおうというおぞましい企てなのだろうか(47)。「ボボーク」では、イワン・イワーヌイチというアル中の文学者が幻聴に悩まされている。

最近、奇妙なものを見たり聞いたりする。それは声というわけではないが、まるで誰かが耳もとで「ボボーク、ボボーク」とささやいてるみたいなのだ。
このボボークとはいったいどういう意味だろう。気を紛らす必要がある。
気晴らしのつもりで歩いていたら、葬式に出くわした。*訳註11

そこで彼は遠い親類の葬式に参列する。その後、墓地でぶらぶらしていた彼は突然、死者たちのシニカルで軽薄な会話を耳にする。

すると、どうしてそうなったのかはわからないが、さまざまなことが聞こえてきた。はじめは気にもとめず、無視していた。しかし会話は続けられた。それはくぐもった声で、まるで枕で口を塞がれているみたいだったが、同時に、はっきりと聞き取ることができ、しかもすごく近い。私は我に返り、腰をすえて、注意深く聞き始めた。

彼はその会話から、肉体が死んでからも、肉体が完全に滅んでしまうまでの間は、人間の意識は生き続けるということを知る。死者たちは肉体が滅びることを、水がごぼごぼ音を立てるような「ボボーク」という語で呼んでいる。死者のひとりが言う。

大事なことは、二、三ヶ月は余計に命があって、それからボボーク！ってことです。この二ヶ月はできるかぎり愉快に過ごせるように、すべてを別の基盤の上に並べ直すことを提案します。みなさん、いっさいの恥をかなぐり捨てることを提案いたします。

死者たちは、自分たちが現世の諸条件から完全に自由であることを知って、生きていたときのことを話して楽しもうとする。

「……さて、嘘はつかないようにしましょう。私が気にしているのはそのことだけです。だってそれが肝腎のことですからね。地上では嘘をつかずに生きていくことは不可能です。生きるというのと嘘をつくというのは同義語ですからね。でもここでは、ひとつおなぐさみに、嘘をつかないことにしましょう。畜生め、墓場にだって何か意味があるってもんだ。私たちはそれぞれの身の上を声に出して話し、何も恥ずかしがらないことにしましょう。まず私が自分のことを話します。私は肉食動物に属していましてね。あちらの上の世界じゃあ、何でも腐ったひもで縛られていたんです。あんなひもなんて消えちまえ。この二ヶ月をまったくの破廉恥な真実の中で生きることにしましょうよ。裸になって、自分をさらけ出しましょう」

「裸になろう、裸になろう」いっせいに叫びだした。

イワン・イワーヌイチが嗅ぐ悪臭は、腐敗する死体の臭いではなく、倫理的悪臭である。ふいにイワン・イワーヌイチがくしゃみをすると、死者たちは静かになる。魔法が解けたように、われわれは日常的な現実に戻る。

そのとき私が不意にくしゃみをした。それは突然の思いがけぬ出来事だったが、その効果は驚くべきものだった。墓地らしく何もかもが静まりかえり、すべてが夢のように消えてしまった。墓場にふさわしい静寂が訪れた。私がいたから彼らが恥ずかしがったとは思えない。いっさいの恥をかなぐり捨てる決心をしていたのだから。五分ほど待ったが、言葉も物音もいっさい聞こえなかった。

ミハイル・バフチンは「ボボーク」の中にドストエフスキーの芸術の精髄、彼の創作活動全体を凝縮した小宇宙をみた。*訳註12 バフチンによれば、ここにはドストエフスキーの中心的テーマ、すなわち、もし神と霊魂の不滅がなければ「すべてが許される」という観念が示されている。「二つの死の間」にある生命のカーニバル的な地下世界では、すべての規則と責任は宙吊り状態になり、死んでいない者たちはいっさいの恥をかなぐり捨て、狂ったようにふるまい、正直さと正義を笑い飛ばすことができる。このヴィジョンの倫理的恐怖は、それが「真理と和解」という観念の限界を示しているということだ。自分の犯した罪を公に告白することが、彼の内部に倫理的浄化をもたらすだけでなく、付加的な猥褻な快感を生むような、そんな犯罪者がいたとしたらどうだろう。

この死者たちの「死んでいない」状態は、フロイトが挙げる夢に出てくる父親が置かれている状態とは対照的だ。その父親は、自分が死んでいることを知らないがために、(夢をみている人の無意識の中では)生き続けている。ドストエフスキーの小説の死者たちは、自分たちが死んでいることをじゅうぶん承知している。承知しているからこそ、いっさいの恥をかなぐり捨てられるのだ。では、死者たちが生きている人間から隠している秘密は何か。「ボボーク」では、破廉恥な真理はいっさい聞かれない。死者の幽霊たちは、聞いている人に「品物を届け」、彼らの汚れた秘密を打ち明けるべき瞬間になると、口をつぐんでしまう。おそらくこれに対する説明は、カフカの『審判』に出てくる〈法の門〉の寓話の結末の説明と同じである。門の中に入れてもらうのを長年待っていた男は、臨終の間際に、その門が彼ひとりだけのための門であったことを知る。もし「ポポーク」においても、自分たちの汚れきった秘密を漏らすことを約束する死体たちの見世物全体が、あわれなイワン・イワーヌイチだけのために上演されたのだとしたらどうだろう。いいかえると、生ける死体たちの「破廉恥な真理」という見世物が、聞いている者の幻想にすぎないとしたら？　しかもその人物が宗教的な聞き手だとしたら？　ドストエフスキーが描いている場面が神なき世界ではないことを忘れてはならない。話す死体たちは（生物学的）死の後の生を生きている。このこと自体が神の存在の証である。そこには神がいて、死後も彼らを生かしている。だからこそ彼らはなんでも言えるのだ。

ドストエフスキーは、「すべてが許される」恐ろしい神なき世界を説明するためにこの場面を描いているのだが、彼が描いているのは、真の無神論的な立場とは無縁な、宗教的幻想である。では、「すべてを言う」という猥褻な真摯さへと死者たちを駆り立てる衝動は何か。ラカン的な答は明白だ。超自我である。ただし、倫理的審級としての超自我ではなく、楽しめという猥褻な命令としての超自我である。このことが、死者たちが語り手から隠そうとしている究極の秘密が何かをめぐる洞察を与えてくれる。恥を恐れることなくすべてを語ろうという死者たちの衝動は自由ではない。この状況は、「さあ、これまで話したかったのに、普通の生活の規則と束縛に邪魔されて話せなかったことが、全部話せる（できる）ぞ」というのではない。彼らの衝動は残酷な超自我の命令に支えられている。幽霊たちは自分たちの猥褻な行動に没頭しなければならないのだ。しかし、もし死んでいない者たちが語り手から隠しているものが、彼らの猥褻な快楽が本質的に強迫的なものであるという事実だとしたら、そしてこれが宗教的幻想だとしたら、引き出すべき結論がもうひとつある。すなわち、死んでいない者たちは邪悪な神の強迫的な呪いに縛られているということだ。そこにドストエフスキーの究極の嘘がある。彼が神なき世界の恐ろしい幻想として描いているものは、じつは邪悪で猥褻な〈神〉に関するグノーシス主義的な幻想である。この例から引き出すべき、もうひとつのより一般的な教訓はこうだ――宗教的な著述家たちが無神論を糾弾するとき、頻繁に「神なき世界」のヴィジョンを描くが、それは宗教そのものの抑圧された裏面の投影なのである。

私はここで「グノーシス主義」という語を厳密な意味で、すなわちユダヤ＝キリスト教的宇宙の核心的な特徴である真理の外在性を拒絶するものとして用いた。ユダヤ教と精神分析との親近性については厭というほど議論されてきた。どちらにおいても、欲望する〈他者〉の深淵との外傷的な出会いに焦点がおかれ、われわれに何かを要求するのだが、それが何であるかを明かさない不可解な〈他者〉という恐ろしい形象が登場する。ユダヤ教では人が〈神〉と出会うが、その不可解な〈召命 Call〉は人間の日常的な存在のルーティーンを粉砕する。精神分析では子どもが〈他者〉（この場合は親）の快楽の謎に出会う。このような、真理は外的な外傷的遭遇（ユダヤの民への神の〈召命〉、アブラハムに対する神の命令、不可解な〈恩寵〉、これらはすべてわれわれの本来の特質とは、いやわれわれの生来の倫理とすら両立しえない）に依存しているというユダヤ＝キリスト教的な考え方とはまったく対照的に、異教とグノーシス主義（ユダヤ＝キリスト教の姿勢を異教に書き写したもの）は真理への道を、霊的な自己浄化という「内的な旅」、真の〈内なる自己〉への回帰、自己の「再発見」として捉える。西洋の精神性の中心にある対立はソクラテスとキリストの対立だと指摘したキェルケゴールは正しい。記憶と想起の内的な旅と、外的な遭遇の衝撃を通じた再生の対立。ユダヤ＝キリスト教の枠内では、〈神自身〉が究極の「人を苦しめる者」であり、われわれの生活の安寧を容赦なく乱す闖入者である。

グノーシス主義の名残は今日のサイバースペース・イデオロギーにさえはっきりと認められる。サイバースペースの夢、すなわち〈自己〉が自然な肉体への従属から解き放たれ、ヴァーチャルな実体となって偶然的で一次的な姿へと次々に具現化されるという夢は、物質的現実性の腐敗と不活性を排除した〈自己〉というグノーシス主義の夢が、科学技術的に実現されたものである。サイバースペースの理論家たちが最も頻繁に引き合いに出す哲学者のひとりがライプニッツであることは不思議ではない。ライプニッツは、宇宙は「単子《モナド》」という微細物質からできていると考えた。個々の単子は閉ざされた内的空間の中で生きており、周囲に対して開かれた窓はない。ライプニッツの「単子論」と新興のサイバースペースとの不気味なほどの類似性に気づかぬ者はいまい。そこでは全地球的調和と唯我論が同居している。つまり、サイバースペースに没入するということは、同時に、ライプニッツ的な単子になることではないのか。単子は、外的現実に向かって直接に開かれた「窓はない」が、それ自体は全宇宙の鏡像である。われわれは現在ますます単子になり、現実に向かって直接に開かれた窓をもたず、パソコンのスクリーンを通してのみ他者とやりとりしながら、同時に、これまでにないほど全地球的なネットワークに入り込み、全地球と同時に交信しているのではなかろうか。

ドストエフスキーが思い描いたような、死者（死んでいない者）たちが道徳的束縛なしに話すことのできる空間は、このグノーシス主義的なサイバースペースの夢を先取りしている。サイバーセックスの魅力は、何しろ相手が仮想存在なので、われわれを悩ます者がいないという点である。サイバースペースのこの側面、すなわち、付き合うのは現実の人間ではないのだから、誰にも嫌がらせをすることなく自分の最も淫らな幻想を思い切り実現することができる空間という観念は、最近アメリカのいくつかの集団で再浮上してきたある提案に、究極の表現を見出した。その提案とは、屍姦愛好者（屍体との性交を好む者）の権利を「再考」すべきだという提案である。屍体性交の権利がどうして奪われなくてはならないのか。現在人びとは、突然死したときに自分の臓器が医学的目的に使われることを許諾する。それと同じように、自分の死体が屍体愛好者に与えられるのを許諾することが許されてもいいではないか。この提案が完璧に例証しているのは、〈政治的に正しい《ポリティカリー・コレクト》〉反嫌がらせ《アンチ・ハラスメント》の姿勢が、唯一の良き隣人は死んだ隣人であるというキェルケゴールの洞察を実現したものだということである。死んだ隣人――死人――は、嫌がらせを避けようと努める「寛容な」主体にとって理想的なセックス・パートナーである。定義からして、死人に嫌がらせをすることはできない。同時に、死体は楽しまない。したがって、死体を弄ぶ主体に対して過剰な快楽という恐怖が降りかかる危険もない。「嫌がらせ《ハラスメント》」は、明確に定義された事実を指しているように見えながら、じつはひじょうに両義的に機能し、イデオロギー的なごまかしをしている語のひとつである。いちばん基本的なレベルでは、この語はレイプや殴打のような残酷な行為や他の社会的暴力を指す。いうまでもなく、そうした行為は容赦なく断罪されるべきだ。しかし、現在流通しているような「嫌がらせ」という語の使い方では、この基本的な意味が微妙にずれて、欲望・恐怖・快感をもった他の現実の人間が過度に近づいてくることに対する批難になっている。二つのテーマが、他者に対する現代のリベラルで寛容な姿勢を決定している。他者が他者であることを尊重して他者に開放的であることと、嫌がらせに対する強迫的な恐怖である。他者が実際に侵入してこないかぎり、そして他者が実際には他者でないかぎり、他者はオーケーである。ここでは寛容がその対立物と一致している。他者に対して寛容でなければならないという私の義務は、実際には、その他者に近づきすぎてはいけない、その他者の空間に闖入してはいけない、要するに、私の過度の接近に対するその他者の不寛容を尊重しなくてはいけない、ということを意味する。これこそが、現代の後期資本主義社会における中心的な「人権」として、ますます大きくなってきたものである。それは嫌がらせを受けない権利、つまり他者から安全な距離を保つ権利である。

現在、西洋のほとんどの社会の裁判所は、嫌がらせ（ストーカー行為や、不当な性的接近）を目的として他人に接近した人間に対して、行動制限命令を出す。たとえばストーカーが、被害者に一〇〇メートル以上接近することを法的に禁じられたりする。こうした法的手段が必要なのは確かだが、そこには多少とも、他者の欲望の外傷的な〈現実界〉に対する防御が感じられる。他者に対する情熱を公に示すことには恐ろしく暴力的なところがあるというのは当たり前ではなかろうか。情熱は定義からしてその対象を傷つける。相手が情熱の対象の位置を占めることに徐々に同意したとしても、畏怖と驚きを経ずして同意することは絶対にできない。あるいは、「悪は、まわりじゅうに悪を見出す眼差しそのものの中にある」というヘーゲルの言明をふたたび言い換えるならば、〈他者〉に対する不寛容は、不寛容で侵入的な〈他者〉をまわりじゅうに見出す眼差しの中にある。

女性に対する性的嫌がらせについて、男性が声高に批難している場合は、とくに気をつけなくてはいけない。「親フェミニスト的」で政治的に正しい表面をちょっとでもこすれば、女はか弱い生き物であり、侵入してくる男からだけでなく究極的には女性自身からも守られなくてはならない、という古い男性優位主義的な神話があらわれる。フェミニストを装う男性優位主義者にとって、問題は、女性は身を守れないだろうということではなく、女性は性的嫌がらせを受けることで過剰な快楽を覚えるだろうということだ。男性の侵入が、女性の内部で眠っていた、過剰な性的快感の自己破壊的な爆発を引き起こすのではないかというのである。要するに、さまざまな嫌がらせへのこだわりには、いかなる種類の主体性概念が含まれているかに注目しなければならないのである。「ナルシシスト的」主体にとっては、他者のすること（私に声をかける、私を見る、など）はすべて潜在的に脅威である。かつてサルトルが言ったように、「地獄、それは他者である（L'enfer, c'est les autres）」。侵害の対象としての女性についていえば、彼女が顔や体を覆えば覆うほど、われわれの（男性的）視線は彼女に、そしてヴェールの下に隠されているものに、惹きつけられる。タリバーン〔アフガニスタンのイスラム原理主義政権〕は女性に、公の場では全身を覆って歩くことを命じただけでなく、固い（金属あるいは木の）踵のある靴をはくことを禁じた。音を立てて歩くと、男性の気を散らせ、彼の内的平安と信仰心を乱すからという理由で。これが最も純粋な余剰享楽の逆説である。対象が覆われていればいるほど、ちょっとでも何かが見えると、人の心をそれだけ余計に乱すのである。

　ますます広がる禁煙の動きにも、同じことがあてはまる。最初は会社が「禁煙」とされ、次いで飛行機、レストラン、空港、バー、さらにはプライベート・クラブまで禁煙になり、大学によっては建物の入口から半径五〇メートル以内が禁煙になっている。ついには、スターリン時代におこなわれたノーメンクラツーラ〔旧ソ連の共産党幹部〕の写真の修整を思わせるような、教育的配慮からの検閲が行われ、切手になったブルース・ギタリストのブルース・ジョンソンとジャクソン・ポロック〔アクション・ペインティングで知られる画家〕の肖像写真からタバコが消された。これらの禁止の標的は、「無責任に」タバコに火を付け、快感を隠そうともせず深く吸うという行為に具現化された、他者の過剰で危険な快楽である（対照的に、クリントン時代のヤッピーたちはタバコを吸い込まず、実際に挿入せずにセックスし、脂肪のない物を食べた）。実際、ラカンのいうように、ひとたび神が死ねば、もはや何も許されない。

今日の保守的な評論家たちがよく話題に出すテーマのひとつは、時代が寛容なせいで、子どもたちにしっかりとした限界と禁止が欠けている、というものだ。彼らはこの欠如に苛立ち、一方の極端から他方の極端へ突き進む。なんらかの象徴的権威が定めた確固たる限界のみが、安定と満足を保証できるのだ。禁止を破り、限界を超えることによってもたらされる満足。無意識の中で堕落がどのように機能するかを説明するために、フロイトは、ある患者が、見知らぬ女性が出てくる自分の夢に対して示した反応を引き合いに出す。「私の夢に出てきたこの女性が誰であろうと、私の母でないことだけはたしかだ」。これはフロイトにとって、その女性がまさしく彼の母親であったことを示す否定的証拠だった。今日の典型的な患者を特徴づける最良の方法は、同じ夢に対する彼の反対の反応を想像してみることだ。「私の夢に出てきたこの女性が誰であろうと、それは私の母に関係があるにちがいない」。

伝統的に、精神分析は患者が、正常な性的満足を得ることを邪魔している障害を克服できるようにするものだと期待されてきた。もし満足が得られないのなら、分析家のところにいけば、禁止を取り除いてくれる、というわけだ。しかし今日われわれは、ありとあらゆる方向からひっきりなしに、さまざまな形での「楽しめ！」という命令を受けている。何を楽しむかは、性行為における直接的な快楽から、職業上の達成、霊的覚醒にいたるまで、さまざまだ。今日、快楽は、実際には奇妙な倫理的義務として機能している。人びとが罪悪感を覚えるのは、禁断の快楽に耽ることによって禁止を破ることに対してではなく、楽しめないでいることに対してである。こうした状況において、精神分析は、楽しまないことを許されるような唯一の言説である。楽しむのを禁じられるのではなく、楽しまなくてはならないという圧力から解放されるのだ。

7

政治のひねくれた主体

モハンマド・ボウイェリを読むラカン

厳密にいえば、倒錯とは、幻想の裏返しの効果です。主体性の分割に出会ったとき、みずからを対象として規定するのがこの倒錯の主体です。……主体が他者の意志の対象となるかぎりにおいて、サド＝マゾヒズム的欲動はその輪を閉じるだけでなく、それ自身を構成するのです。……サディスト自身は、自分では知らずに、ある他者のために対象の座を占め、その他者の享楽のためにサディズム的倒錯者としての行動をとるのです。(48)

この一節は全体主義政治に新たな光を投げかける。真のスターリン主義的な政治家は人類を愛しているが、恐ろしい粛清と処刑を実行する。それをしながら、彼の心は痛んでいるのだが、やめることはできない。それは彼にとって〈人類の進歩〉に向けた彼の〈義務〉なのだから。これが、〈大文字の他者の意志〉の純粋な道具の地位を引き受けるという倒錯的な態度である。それは私の責任ではない。実際にそれを行うのは私ではない。私はたんにより高次の

〈歴史的必然性〉の道具にすぎない。こうした状況がもたらす猥褻な享楽は、私は私自身が自、、、、、、、、、、、、、、、、分のしていることに対して無罪であると考えているという事実から生み出される。私は、私には責任がなく、たんに〈大文字の他者の意志〉を実現しているだけだということをじゅうぶんに意識しているからこそ、他人に対して苦痛を課すことができる。「外から強制された客観的必然性を実現しているだけなのに、どうして主体に罪があろうか」という疑問に対し、サディストは、この客観的必然性を主体的に引き受け、自分に課せられたことに享楽を見出すことによって、答える。

ナチスのＳＳ（親衛隊）長官ハインリヒ・ヒムラーは、ヨーロッパのユダヤ人を抹殺するという任務に直面して、「誰かが汚い仕事をしなければならないのだから、やろうではないか！」という英雄的な姿勢をとった。自分の国のために高貴なことをするのは容易だ。そのために自分の命を犠牲にすることだってできる。それよりもはるかに難しいのは自分の国のために犯罪をおかすことだ。ハンナ・アーレントはその『エルサレムのアイヒマン』の中で、ナチスの死刑執行人たちが自分たちのやった恐ろしい行為に耐えるためにおこなったこの回避を鋭く描いている。彼らのほとんどはたんなる悪人だったのではなく、自分たちの行為が犠牲者に屈辱と苦痛と死を与えていることをはっきり自覚していた。この窮状から抜け出す道はこうだった。

「自分は人びとに対してなんと恐ろしいことをしてしまったのか！」と言う代わりに、殺害者たちはこう言うことができたのだ――自分は職務遂行の過程でなんと恐ろしいことを見なければならなかったことか。その任務はなんと重く私にのしかかってきたことか[49]！

このようにして彼らは誘惑への抵抗の論理を逆手に取ることができた。抵抗すべき誘惑とはまさに、人間の苦渋を目の当たりにして、基本的な同情と共感に屈することへの誘惑であった。彼らの「倫理的」努力は、辱め、拷問し、殺してはならないというこの誘惑に抵抗するという仕事に向けられていた。同情や共感という自発的な倫理的本能に背くことが、私が倫理的に偉大であることを示す証拠に変わる。私は義務をまっとうするために、他人に苦痛を与えるという重荷を引き受けるのだ。

このことは今日の宗教的原理主義にもあてはまる。二〇〇四年十一月二日にアムステルダムで、ドキュメンタリー映画作家テオ・ヴァン・ゴッホが、イスラム過激派のモハンマド・ボウイェリに殺されたとき、ナイフによる腹の刺し傷には手紙が突っ込まれていた。手紙の宛名は、彼の友人で、イスラム女性の権利のために戦う果敢な活動家として知られていた、ソマリア出身の女性オランダ国会議員ヒルシ・アリだった[50]。もし「原理主義的な」資料があるとしたら、これがそうだ。その手紙は、相手こそがテロリストだというありふれたレトリック戦略から始まる。

オランダの政界に登場して以来、あなたは休むことなくイスラム教徒を批判し、その言葉でイスラムにテロを加えてきた。

ボウイェリにいわせると、彼自身ではなく、ヒルシ・アリのほうが「信仰心のない原理主義者」であり、彼女と戦うことは原理主義テロリストと戦うことだ。この手紙を読むと、サディストである主体が自分自身を別の誰かの意志の道具＝対象にしたときにはじめて、相手に苦痛と恐怖を与えるサディスティックな姿勢が可能になる、ということがよくわかる。人間の生の絶頂としての死に焦点を当てた、手紙の最も重要な一節を詳しく読んでみよう。

われわれの存在全体において、確かなことはひとつしかない。それは、すべてには終わりがあるということだ。この世界に生まれてきて、その産声で宇宙を満たした子どもも、最後には喉をぜいぜいいわせてこの世を去る。暗い地中から顔を出し、太陽に触れ、雨に育まれた草の葉も、最後には腐って塵となり、消えていく。ヒルシ・アリ夫人よ、死は創造されたすべてのものが共有するテーマだ。あなたも、私も、他のすべての創造物も、この真理から逃れることはできない。

ひとつの魂が他の魂を救えなくなる日がくるだろう。そのとき、恐ろしい拷問と苦しい試練に、不法者の肺から絞り出された恐ろしい悲鳴が重なるだろう。ヒルシ・アリ夫人よ、その悲鳴を聞けば、背筋が寒くなり、髪の毛が逆立つだろう。その人びとは、たとえ恐怖に酔っていなくても、酔っているふりをするだろう。「偉大な日」には、大気は恐怖で満たされるだろう。

ここで重要なのは第一段落から第二段落への一歩、つまり、すべては滅び、死に絶え、すべての生き物は死ぬのだというごく一般的な常套句から、もっと息苦しい、まさしく黙示録的な概念への変化である。死の時こそ真理の時であり、その時に、すべての生き物は真理に直面させられ、あらゆる絆を断たれ、人の支えを失い、たった独りで〈創造主〉の無慈悲な審判に直面しなければならない。だからこそ、手紙はこの一節に続けて、最後の審判を描写したコーランの一節を引用する。「その日、人は兄弟から逃げる。母は父から逃げる。女はその子どもから逃げる。その日、誰もが自分のことだけで精一杯になる。その日、［不信心者の］顔は塵に覆われる。そして闇に囲まれる。彼らは罪深い不信心者である」（コーラン、八〇・三四－四二）。この後に核心的な一節、すなわち中心的な対決の場面がくる――

もちろんあなたは信仰心をもたぬ過激主義者だから、右に述べたような光景を信じない。あなたにとっては、書物からとった、ありふれた架空の劇的な場面にすぎない。しかし、ヒルシ・アリ夫人よ、私の命に賭けて誓うが、あなたはこれを読んで恐怖の汗を流すだろう。

不信心者の原理主義者であるあなたは、もちろん宇宙を動かしている〈高次の力〉を信じていないだろう。心の中では真理を拒絶し、ノックして〈天の力〉に許しを乞わなくてはならないのだということを信じていないだろう。あなたは自分の舌を使って〈天の力〉の〈命令〉を拒絶するが、その舌が〈神の掟〉に従っていることを信じていないだろう。この〈天の力〉が生と死を司っていることを信じていないだろう。

もし以上のことをすべてあなたが本当に信じているなら、以下の挑戦はなんの問題もないだろう。私はこの手紙によってあなたに、自分が正しいことを証明しろと挑む。大したことをする必要はないのだ、ヒルシ・アリ夫人よ、自分が正しいと本当に確信しているのなら、死を望め。この挑戦を受け入れないのなら、私の〈主〉、〈最高なるもの〉があなたの嘘を暴いたことを、あなたは思い知るだろう。「もし死を望むなら、あなたは正しい」。だが邪悪な者たちは「彼らの手（そして罪）があらかじめもたらしたもののために、けっして死を望まない。だがアッラーは嘘をなす者についてはすべて知り尽くしている」（コーラン、二・九四－五）。私があなたのために望んでいることが私に訪れないように、私はこれをあなたのために望む。〈主〉は殉教の幸せをわれらに与えるために、われらに死を与えるのだ。

この三つの段落はどれもレトリックの精華である。最初の段落では、われわれ人間が死に瀕して神の最後の審判に直面するときに味わう恐怖から、この手紙の受取人であるヒルシ・アリがそれを読んだときに味わう恐怖へと、いきなり飛躍している。真理の瞬間に神とじかに向き合うときに引き起こされる恐怖と、この手紙を読んだときに今ここで生じる恐怖との、このような短絡は、倒錯の典型的な特徴である。ボウイェリの手紙によって掻き立てられるヒルシ・アリの具体的な恐怖は、死すべき人間が神の視線と向き合ったときに感じるであろう恐怖の具現化へと高められている。第二段落の核心は、神の全能を喚起するために用いられている正確な例だ。ヒルシ・アリは神を信じていないだけではない。彼女が信じなければならないのは、神に対する彼女の中傷（彼女が中傷するときに用いる舌）さえもが神の意志によって決定されているということだ。最も卓抜した珠玉のレトリックは、最後の段落に隠されている。ヒルシ・アリに対する挑戦が公式化されている部分だ。すなわち（死の覚悟だけでなく）みずからの真理の証明としての死への願望が、乱暴に押しつけられる。ここには、倒錯の論理が潜んでいることを示す、ほとんど気づかないくらいの変化が見られる。ボウイェリの真理のために死ぬ覚悟から、自分が正しいことを直接に証明するものとしての死の覚悟への変化である。だからこそ彼は死を恐れないだけでなく、積極的に死を望むのだ。倒錯者は、「もし自分が正しければ、死を恐れてはならない」から、「もし死を望むなら、あなたは正しい」へと移行する。この一節は、他人の意志を付け加えるという信じられない終わり方をする。「私はあなたのためにこれを望む」。その背景にあるボウイェリの論理は、見かけは混乱しているが、じつは正確であり首尾一貫している。彼は、「あなたのために望んでいることが私に訪れないように」、自分の義務を果たす。これはどういう意味だろうか。死を望むことによって、まさしく彼が避けたかったことを実行しているということではなかろうか。彼が彼女のために望んでいること（彼女の死）と同じ（死の）願いを、彼は受け入れるのではなかろうか。

手紙はヒルシ・アリの誤った信仰に挑んでいるわけではない。むしろ、彼女は自分が信じていると称しているもの（長年にわたる中傷）をじつは信じていない、いわゆる「自分を信じる勇気」をもっていない、と批判しているのだ。「もし自分が信じていると称していることを本当に信じているなら、私の挑戦を受けて立て。死を望め！」これはわれわれを、ラカンによる倒錯者の描写へと導く。倒錯者は分裂を〈他者〉へと転位する。ヒルシ・アリは自己矛盾をかかえた分裂した主体であり、自分自身の信念をもつ勇気を欠いている。そのような分裂に囚われるのを避けるために、手紙の書き手は死への願望を抱き、彼女が信じるべきだったものを我が身に引き受ける。したがって、手紙の最後の宣言はわれわれを驚かせない。

いま起きているこの闘争は過去の闘争とは異なる。不信心者の原理主義者たちが闘争を始め、真の信仰者がそれを終わらせる。不正を行うものに対してはいかなる慈悲も与えられないだろう。彼らには剣が振り上げられるだけだ。議論も証明も請願もない。〈死〉のみが〈真理〉と〈嘘〉を分けるのだ。

ここには象徴的な仲介、つまり議論、推理、主張、さらには説教といったものが入る余地がない。〈真理〉と〈嘘〉を分かつのは死のみであり、正しい主体の死の覚悟と死への願望である。ミシェル・フーコーがイスラムの政治的殉教に魅せられたのも無理はない。フーコーはその中に、西洋のそれとは異なる「真理の体制」、すなわち事実の正確さでも、推理の一貫性でも、告白の真摯さでもなく、死の覚悟が究極的に真理を示すという体制を垣間見たのだ。(51) 故ローマ法王ヨハネス・パウロ二世は、留まるところを知らぬ享楽主義、堕胎、麻薬中毒、科学技術の発展への盲目的信頼といった現象にあらわれた、現代のニヒリズム的な「死の文化」に対抗する唯一の希望として、カトリック的な「生の文化」を伝道した。（イスラム教だけでなくキリスト教の）宗教的原理主義はわれわれに、もうひとつの病的な「死の文化」を突きつける。信仰者たちは認めないかもしれないが、これは宗教体験の核心そのものにずっと近いものである。

　ここでわれわれが対決しなければならないのはこの疑問だ――〈真理〉と〈嘘〉を絶対的に分離しようとするその必死の努力の中で、倒錯者が見落としているのは何か。答はもちろん、嘘そのものの真理、すなわち嘘をつくという行為自体の中で、あるいはその行為を通じて示される真理である。逆説的なことに、倒錯者の誤りは、無条件に真理にしがみつき、嘘の中から聞こえる真理に耳を貸そうとしないことである。シェイクスピアは『終わりよければすべてよし』において、真理と嘘の絡み合いに対する驚くべき洞察力を見せている。バートラム伯爵は王の命令で、平民の医者の娘ヘレナと結婚しなければならなくなるが、同居も床入りも拒み、「先祖代々伝わる指輪を私の指から奪い、私の子どもを宿したら」、彼女の夫になってもよい、と告げる。きっとそれは無理だろうと、バートラムは考えたのである。一方でバートラムは、若くて美しい娘ダイアナを誘惑しようとしている。ヘレナとダイアナはひそかに、バートラムを正式な妻のもとに帰すための策略を練る。ダイアナはバートラムと一夜をともにする約束をし、夜中に自分の寝室に来るようにと告げる。暗闇で、二人は指輪を交換し、愛を交わす。しかし、バートラムは知らなかったのだが、彼が一夜をともにした女性はダイアナではなく妻のヘレナだった。後にヘレナと対面したバートラムは、彼女が結婚の条件を二つとも満たしたことを認めざるをえない。ヘレナは彼の指輪を手に入れ、彼の子どもを宿したのだ。では、この寝室のトリックをどう位置づけたらいいのだろうか。第三幕の最後に、ヘレナ自身が素晴らしい定義を与えている。

今宵、計画通りにやってみましょう。うまくいけば、
先方は邪な心を抱いて正しい行為をするわけだし、
こちらは正しい心を抱いて正しい行為をするわけでしょ。
どちらも罪ではないけれど、罪深い行為にはちがいない。
とにかく、やってみましょう。〔第三幕第七場〕

ここにあるのは、実際には「邪な心による正しい行為」（結婚の成就、すなわち夫が妻と寝ること以上に正しいことがあろうか。だがそれにもかかわらず、バートラムはダイアナと寝ていると思っているのだ

から、心は邪だ）と、「正しい心による邪な行為」（夫と寝るのだから、ヘレナの意図は正しい。だが彼女は夫を騙し、そのために夫は妻を裏切るつもりで彼女をベッドに連れ込むのだから、その行為は邪だ）である。彼らの情事は「罪ではないけれど、罪深い行為にはちがいない」。実際には夫と妻が寝るだけのことだから、罪ではない。だが、双方とも相手を騙しているのだから、罪深い行為である。この物語の教訓は「終わりよければすべてよし」、つまり最終的な結末（実際には何も間違ったことは起きず、結婚した二人が再会し、結婚の絆が確かめられる）が邪な策略や意図を帳消しにするということではなく、もっと過激だ。すなわち、法の支配は邪な（罪深い）意図と行為によってのみ遂行されるとしたらどうだろう、という問題である。もし、支配するためには、法は地下の詐欺と欺瞞に依存しなければならないとしたら？　これが、ラカンが「性関係はない（Il n'y a pas de rapport sexuel）」という逆説的な命題によって言わんとしたことである。女と一夜をともにしたときのバートラムの状況は、ほとんどの夫婦の実態ではなかろうか。つまり、合法的な伴侶とセックスしながら、「心の中では相手を裏切り」、別の人物と寝ているところを空想しているのではなかろうか。現実の性関係はこの幻想的な補完物によって支えられなくてはならないのである。

『お気に召すまま』は、この二重の欺瞞の論理を違ったふうに描き出す。オーランドーはロザリンドを熱愛しているが、ロザリンドは彼の愛を試すため、ギャニミードに変装し、男友達としてオーランドーに、彼の愛について尋問する。彼女はロザリンドを演じたりさえする（二重に仮面をかぶって、自分自身のふりをする、つまりロザリンドを演じているギャニミードを演じる）。そして（アリーナに変装している）友人のシーリアを説き伏せて、遊びで、オーランドーとの結婚式を挙げてもらう。この偽の結婚式では、ロザリンドは自分自身のふりをしているふりをしている。真理それ自体が、勝利を収めるためには、二重の虚偽を通して上演されなければならないのだ。同じように『終わりよければすべてよし』では、結婚がその存在を明らかにされるためには、婚外交渉という偽装によって成就されなければならないのだ。

人間のイデオロギー的自己欺瞞においても、同じように、見かけと真理とが重なり合う。一八四八年のフランス二月革命に対するマルクスの見事な分析が明らかにしたように、保守的で共和主義的な〈秩序党〉は、〈名前のない共和制の王国〉において、王制主義の二大分派（オルレアン派と正統王朝派）の連合体として機能した。[52]〈秩序党〉の国会議員たちは自分たちの共和主義をまがいものだと見なしていた。彼らは国会の討論で、王制主義的な言い違いをし、〈共和国〉を馬鹿にして、彼らの真の狙いが君主制の復活であることを図らずも暴露した。彼らが気づいていなかったのは、自分たちの支配が与える真の社会的影響に関して、誤っていたということである。彼らは知らずに、自分たちが心底軽蔑するブルジョワ的共和主義秩序の諸条件を（たとえば私有財産の安全を保証することによって）確立してしまったのである。つまり、彼らはたんに共和主義者の仮面をつけた王制主義者ではなかった。彼らは自分たちのことを共和主義者だと信じていたが、彼らの真の社会的役割を覆い隠す欺瞞的な仮面は、じつは彼らの「内面的な」王制主義的確信だったのである。要するに、彼らの真摯な王制主義は、彼らの表面的な共和主義の隠された真実などではなく、彼らの実際の共和主義を幻想的に支えていたのである。それが彼らの活動に情熱を与えたのである。したがって、〈秩序党〉の国会議員たちもまた共和主義者のふりをするふりをして、結局、真の姿を演じていたということではなかろうか。

ラカン的な視点からすると、最も根源的な見かけとは何か。妻に隠れて浮気をしている夫を想像してみよう。彼は愛人と密会するときは、出張に行くふりをして家を出る。しばらくして彼は勇気を奮い起こし、妻に真実を告白する――自分が出張に行くときは、じつは愛人と会っていたのだ、と。しかし、幸福な結婚生活というわべが崩壊したこのとき、愛人が精神的に落ち込み、彼の妻に同情して、彼との情事をやめようと決心する。妻に誤解されないようにするためには、彼はどうすべきだろうか。出張が少なくなったのは自分のもとに帰ってきたからだと妻が誤解するのを阻止するのは、どうすべきだろうか。情事が続いているという印象を妻に与えるため、彼は情事を捏造し、つまり二、三日家を空け、実際には男友達のところに泊めてもらわなくてはならない。これこそが最も純粋な見せかけである。見せかけが生まれるのは、裏切りを隠すために偽りの幕を張るときではなく、隠さなくてはならない裏切りがあるふりをするときである。この厳密な意味において、ラカンにとっては幻想そのものからして見せかけである。見せかけとは、その下に〈現実界〉を隠している仮面のことではなく、むしろ仮面の下に隠しているものの幻想のことである。したがって、たとえば、女性に対する男性の根本的な幻想は、誘惑的な外見ではなく、この眼も眩むような外見は何か計り知れない謎を隠しているという思い込みである。

このような二重の欺瞞の構造を説明するために、ラカンは、古代ギリシアの画家ゼウキシスとパラシオスの、どちらがより真に迫った騙し絵を描くことができるかという競争を引き合いに出す[53]。ゼウキシスはすばらしくリアルな葡萄の絵を描いたので、鳥が騙されて突っつこうとしたほどだった。パラシオスは自分の部屋の壁にカーテンを描いた。訪れたゼウキシスはパラシオスに「そのカーテンを開けて、何を描いたのか見せてくれたまえ」と言ったのだった。ゼウキシスの絵では、騙し絵がじつに完璧だったので、実物と間違えられたのだったが、パラシオスの絵では、自分が見ているこの月並みなカーテンの後ろには真理が隠されているのだという思い込みそのものの中に錯覚がある。ラカンにとって、これはまた女性の仮装の機能でもある。女性は仮面をつけ、われわれ男性に、パラシオスの絵を前にしたゼウキシスと同じことを言わせる――「さあ、仮面をとって、本当の姿を見せてくれ！」同様に、結婚式ごっこの後、オーランドーがロザリンド＝ギャニミードに向かってこう言う光景を想像することができる。「きみはロザリンドをじつに見事に演じたので、ぼくはきみがロザリンドだとあやうく信じてしまうところだったよ。さあ、元のギャニミードに戻ってくれ」。こうした二重の仮装を演じるのがつねに女性であるのは偶然ではない。男は女に化けることしかできない。女だけが、女に化けている男に化けることができるのだ。なぜなら女だけが、自分の真の姿に化ける、つまり女であるふりをすることができるのだから。

ふりをするという行為がひたすら女性的な行為であることを説明するために、ラカンは、自分がファロス（男根）であることを示すために密かに作り物のペニスを身につけている女性を引き合いに出す。

これがヴェールの背後にいる女性です。ペニスの不在が彼女をファロス、すなわち欲望の対象にします。この不在をもっと厳密に喚起すれば、つまり彼女に、仮装服の下に可愛い作り物のペニスをつけさせれば、あなたがたは、いやむしろ彼女はきっと気に入るにちがいありません。(54)

この論理は見かけ以上に複雑である。それはたんに、偽のペニスが「真の」ペニスの不在を喚起するということだけではない。パラシオスの絵の場合とまったく同じように、偽のペニスを見たときの男の最初の反応は、「そんな馬鹿げた偽物は外して、その下にもっているものを見せてくれ」というものである。かくして男は偽のペニスが現実の物であることを見落としてしまう。女が「ファロス」であることは、偽のペニスが生み出した影、つまり偽のペニスの下に隠されている存在しない「本物の」ファロスの幽霊である。まさしくその意味で、女性の仮装は擬態の構造をもっている。というのも、ラカンによれば、擬態（物まね）によって私が模倣するのは、自分がそうなりたいと思うイメージではなく、そのイメージがもついくつかの特徴、すなわち、このイメージの背後には真理が隠されているということを示唆しているように思われる特徴である。パラシオスと同じく、私は模倣するのは葡萄ではなく、ヴェールである。「擬態は、背後にあるそれ自身と呼びうるものとは異なる何かを明らかにするのです[55]」。ファロスの地位そのものが擬態の地位である。ファロスは究極的に人間の身体にくっついているいぼみたいなもので、身体にふさわしくない過剰な特徴であり、だからこそそのイメージの背後には真理が隠されているという錯覚を生むのである。

このことはわれわれを倒錯の問題に連れ戻す。ラカンにとって、倒錯者は、彼が何をするかというその内容（彼の普通ではない性的行為）によって定義されるのではない。最も基本的な倒錯は、倒錯者が真理と発話にどのように関わるかについての形式的構造の中にある。倒錯者は、〈大文字の他者〉であるなんらかの人物像（神や歴史からパートナーの欲望にいたるまで）にじかに触れることを求めるため、言葉の曖昧さをいっさい排除して、〈大文字の他者〉の道具として、直接的に行動することができる。この意味で、オサマ・ビン・ラディンとブッシュ大統領は、政治的には正反対の極にいるが、どちらも倒錯者の構造を共有している。どちらも、自分の行動は神の意志にじかに命令され導かれているという前提にもとづいて行動している。

アメリカの成人の半数は「原理主義」と呼びうるような信仰をもっているそうだが、この最近の宗教的原理主義の潮流は、ひねくれたリビドー経済の優勢に支えられている。原理主義者は信じるのではなく、じかに知っているのだ。リベラルで懐疑的な冷笑者《シニック》と、原理主義者は、その根底にある基本的特徴を共有している。どちらも、本来の意味において、信じる能力を失っている。彼らにとって想像もつかないのは、本物の信仰の礎となる根拠なき決断、すなわち一連の推論やポジティヴな知識にもとづかない決断である。アンネ・フランクのことを考えてみよう。彼女はナチスの堕落を目の当たりにして、「不合理ゆえに我信ず（credo quia absurdum）」を地でいくように、どんなに堕落していようとも、すべての人間の中には善性の神々しい火花があるという確信を書き綴っている。彼女の言葉は事実とは関係がない。それは純粋に倫理的公理として断定されているのだ。同じように、普遍的人権というのも本質的には純粋な信仰である。それを人間の本質に関するわれわれの知識によって根拠づけることはできない。これはわれわれの決断によって断定された公理なのである（普遍的人権を、人間性に関するわれわれの知識によって根拠づけようとすると、人間はすべて根本的に異なり、威厳と智恵の多い者と少ない者に分かれるという結論が出ることは避けられない）。その最も根本的なところで、本物の信仰は事実とは無関係であり、無条件の倫理的関与を表現したものである。

リベラルな冷笑者にとっても、宗教的原理主義者にとっても、宗教的声明は、直接的な知をほぼ経験主義的に述べたものである。原理主義者はそれをそっくり受け入れ、懐疑的な冷笑者はそれをからかう。最も情熱的なハッカーたちの中に宗教的原理主義者がいることは不思議ではない。彼らには、自分の宗教と科学の最新の発見を合体させようとする傾向が見られる。彼らにとって宗教的声明と科学的声明とは、ポジティヴな知の同じ側面に属している。いくつかの原理主義的な宗派の名前そのものに「科学」という語が見出される（クリスチャン・サイエンス、サイエントロジー）のはたんなる猥褻なジョークではなく、信仰をポジティヴな知に還元しようという方向性を示しているのだ。その点で〈トリノの聖骸布〉（キリストの遺骸を包んでいたとされ、血痕がついているとされる布）はいろいろなことを教えてくれる。それが本物だと判明することは、真の信者にとっては恐怖であろう（最初になすべきことは血痕のDNA分析により、イエスの父親が誰であったかという問題を科学的に解決することであろう）。いっぽう真の原理主義者たちは驚喜するだろう。今日のイスラム教にもこれと同じような、信仰を知へと縮小しようとする傾向が見られる。いかに最近の科学の進歩がコーランの洞察と命令を確証しているかを［証明した」科学者の書いた本が何百と出版されている。たとえば、神による近親相姦の禁止の正当性は、近親相姦から生まれた障害児に関する近年の遺伝学の知識によって確証された、とか。同じことが仏教にもあてはまる。そこでは多くの科学者が、「現代物理学の道《タオ》」のモチーフを振り回し、現実を揺れ動く出来事の非物質的な流動と見なす現代の科学は、古代の仏教の存在論を確証したとされる。(56) 以上のことから、逆説的な結論を引き出さざるをえない。すなわち、伝統的な世俗的人間主義と宗教的原理主義との対立においては、人間主義者が信仰を、原理主義者が知を標榜している、と。宗教的原理主義の隆盛に関して、ラカンから何が学べるかといえば、それは、真の危険は、世俗的な科学的知が脅かされていることではなく、本物の信仰が脅かされていることだ、ということである。

本書を結ぶにあたって、おそらく最もふさわしいやり方は、ソフィア・カルパイの例を挙げることだろう。彼女は一九四〇年代末、クレムリン病院の心電図記録部の主任だった。彼女がやったことは、自分自身をひねくれたやり方で〈大文字の他者〉の道具へと高める行為などではなく、ラカン的な意味で真の倫理的行為と呼ぶに値するものだ。彼女の不幸は、アンドレイ・ジダーノフ〔スターリン体制の一翼を担い、スターリンの後継者と目されていた政治家〕が心臓疾患で死ぬ前の、一九四八年七月二十五日と七月三十一日の二回にわたって、ジダーノフの心電図をとることが、彼女の仕事だったことだ。ジダーノフが心臓疾患の症状を見せた際に記録された最初の心電図は確定的でなかった（心臓発作が起きた可能性を肯定も否定もできなかった）が、意外なことに二度目の心電図は病状の改善を示していた（心室内伝導障害は消え、明らかに心臓発作がなかったことを示していた）。一九五一年、彼女は逮捕された。その罪状は、ジダーノフを担当していた他の医師たちと共謀して、臨床データを改竄し、心臓発作が実際に起きたことを示すデータを消し、心臓発作を起こした患者に必要な治療の機会をジダーノフから奪ったというものだった。さんざん拷問を受けたあげく、告発された他の医師たちは全員自白した。上司のヴィノグラードフが「プチブルの道徳心をもった、ただの典型的な小市民」にすぎないと評したソフィア・カルパイは、冷蔵庫のような独房に入れられ、いっさい睡眠を許されなかった。だが彼女は自白しなかった。(57) 彼女の忍耐の影響力と意義はどんなに高く評価してもしすぎることはない。もし彼女が「医師たちの陰謀」に関する自白調書に署名していたとしたら、数十万におよぶ人びとの死を招き、さらには新たな欧州大戦を引き起こした可能性すらある（スターリンの計画によれば、「医師たちの陰謀」は西側の諜報機関がソビエトの指導者たちを暗殺しようとしたことを証明するもので、西側諸国を攻撃する口実になるはずだった）。カルパイは、ちょうどスターリンが最期の昏睡状態に陥るまで、頑張り抜いたのだった。スターリンの死後、告発はただちに却下された。一連の小さな出来事が、「動き出した巨大な機械のギアにはさまった砂粒のように、ソビエトの社会や政治全般における再度の大災厄を阻止し、数百万とまではいかないまでも、数千人の無実の人びとの命を救った」のだったが、そうした小さな出来事の中で決定的に重要だったのは、カルパイの素朴なヒロイズムであった。[58]

あらゆる困難に抗したこの単純な忍耐こそが、倫理を構成している素材に他ならない。サミュエル・ベケットの『名づけえぬもの』の末尾の言葉を引くことにしよう。まぎれもなく二十世紀文学の傑作であるこの作品は、不死の部分対象の姿をとって生き抜く欲動を描いた武勇伝である。

沈黙の中にいてはわからない。でも生き続けなくてはいけない。いやできない。
でも生き続けよう。[59]

〔訳者注記〕引用の訳出にあたっては、訳註および原註に付記した邦訳を参照させていただいた。
ただし、原則として英訳原文に即して訳したので、
以下に掲げる邦訳とはかならずしも一致しないことをお断りしておく。

原註

01 Jacques Lacan, *The Ethics of Psychoanalysis*, London: Routledge 1992, p.307.（以下*Ethics*と表記）〔原文は Jacques Lacan, *Le Séminaire, liver VII, L'éthique de la psychanalyse*, Éditions du Seuil, 1986, 354. ジャック・ラカン『精神分析の倫理』下、小出浩之他訳、岩波書店、二〇〇二、二一二ページ〕

02 Todd Dufresne, *Killing Freud: 20th Century Culture and the Death of Psychoanalysis*, London: Continuum Books 2004 を参照。

03 *Le livre noir du communisme*, Paris: Robert Laffont 2000.〔ステファヌ・クルトワ、ニコラ・ヴェルト『共産主義黒書』（ソ連篇）、外川継男訳、恵雅堂出版、二〇〇一、『共産主義黒書』（コミンテルン・アジア篇）、高橋武智訳、恵雅堂出版、二〇〇六〕

04 *Le livre noir de la psychanalyse: vivre, penser et aller mieux sans Freud*, Paris: Arènes 2005.

05 もうひとつだけ注記しておきたい。本書は、ラカンのいくつかの基本概念に焦点を当てたラカン入門書であるので、また、それが私の過去数十年にわたる仕事の中心テーマであるので、私がすでに

出版した本からのある程度の「盗用」は避けられない。それを埋め合わせるために、本書では、細心の注意を払って、借用した文章に新たなひねりを加えるよう努めた。

06 Jacques Lacan, *Ecrits. A Selection*, translated by Bruce Fink, New York: W.W.Norton & Company 2002, pp.61–2.（以下、*Ecrits* と表記）〔原文は Jacques Lacan, *Écrits*, Éditions du Seuil, 1966, p.272, ジャック・ラカン『エクリ』I、宮本忠雄他訳、弘文堂、一九七二、三七二ページ〕

07 Janet Malcolm, *The Silent Woman*, London: Picador 1994, p.172.〔ジャネット・マルカム『シルヴィア・プラス——沈黙の女』井上章子訳、青土社、一九九七、二四三ページ〕

08 Adam Morton, *On Evil*, London: Routledge 2004, p.51.

09 *Ecrits*, pp.72–3.〔*Écrits*, p.285.『エクリ』I、三八九ページ〕

10 *Ecrits*, pp.72–3.〔*Écrits*, p.285.『エクリ』I、三九〇ページ〕

11 *Ethics*, p.247.〔仏語原文は *L'éthique*, pp.294–5. 邦訳は『精神分析の倫理』下、一二八ページ〕

12 これに関して、著者は Robert Pfaller, *Illusionen der Anderen*, Frankfurt: Suhrkamp 2003 に依拠している。

13 Michel de Certeau, 'What We Do When We Believe,' in *On Signs*, ed. Marshall Blonsky, Baltimore: The Johns Hopkins University Press 1985, p.200 を参照。

14 結婚についても同じことがいえる。結婚イデオロギーの暗黙の前提（というよりむしろ命令）は、まさしく、そこに愛があるはずがないということである。したがって、パスカル的な結婚の公式は「相手を愛していないのですか。それなら彼（彼女）と結婚して、人生をともにするという儀式を体験しなさい。そうすれば愛は自然に生まれてくるでしょう」ではなく、反対に、「誰かを愛すぎているのですか。それなら結婚して、あなたの愛情関係を儀式化し、それによって相手への情熱的愛着を治療し、それを退屈な日常生活に置き換えなさい。もし情熱の誘惑に勝てないなら、いつでも浮気をすればいい」というものだ。

15 「シニフィアン」はソシュールが作った専門用語だが、ラカンはこの語をひじょうに厳密に用いる。シニフィアンはたんに（記号の内容である「シニフィエ」と対立する）記号の物質的側面ではなく、主体を表象する特徴、しるしである。私を表象するシニフィアンを通してはじめて、私は私であり、シニフィアンが私の象徴的アイデンティティを構成しているのである。

16 ラカンはヒステリーと神経症を同一視する。神経症のもうひとつの主な形式である強迫神経症は、ラカンによれば「ヒステリーの方言」である。

17 Jean-Pierre Dupuy, *Avions-nous oublié le mal? Penser la politique après le 11 septembre*, Paris: Bayard 2002.

18 John Rawls, *A Theory of Justice*, Cambridge (Ma): Harvard University Press 1971 (revised edition 1999)〔ジョン・ロールズ『正義論』矢島鈞次監訳、紀伊國屋書店、一九七九、新訳版準備中〕を参照。

19 Friedrich Hayek, *The Road to Serfdom*, Chicago: University of Chicago Press 1994〔フリードリヒ・ハイエク『隷属への道』西山千明訳、春秋社、一九九二〕

20 *The Seminar of Jacques Lacan, Book III: The Psychoses*, London: Routledge 1981, p.48.〔Jacques Lacan, *Le Séminaire, liver III, Les Psychoses*, Éditions du Seuil, 1981, p.48. ジャック・ラカン『精神病』上、小出浩之他訳、岩波書店、一九八七、六〇ページ〕

21 *Ecrits*, p.300.〔*Ecrits*, p.814-5.『エクリ』Ⅲ、佐々木孝次訳、弘文堂、一九八一、三二五ページ〕

22 Guillermo Arriaga, *21 Grams*, London: Faber & Faber 2003, p.107.〔訳注　邦訳はないが、アリアガ自身が脚本を担当した映画（監督・制作アレハンドロ・イニャリトゥ、主演ショーン・ペン、ナオミ・ワッツ）は二〇〇四年日本公開。なお、このタイトルは、「人間は死ぬと体重が二十一グラム減るので、それが霊魂の重さだ」という俗説に由来する。〕

23 ラカンと、遂行文の概念を最初に提唱したJ・L・オースティンを繋ぐ接点はエミール・バンヴェニストである。

24 Daniel C. Dennett, *Consciousness Explained*, New York: Little, Brown & Company 1991, p.132.〔ダニエル・C・デネット『解明される意識』山口泰司訳、青土社、一九九八、一六四ページ〕

25 これはまた、**実際に強姦をする男は女性を強姦する幻想を抱かない**ことの理由である。それどころか、彼らは自分が優しくて、愛するパートナーを見つけるという幻想を抱いている。強姦は、現実の生活ではそうしたパートナーを見つけられないことから生じる暴力的な「行為への通り道」なのである。

26 Sigmund Freud, *Dora: An Analysis of a Case of Hysteria*, New York: Macmillan 1963, p.101.〔ジクムント・フロイト「あるヒステリー患者の分析の断片」、フロイト著作集5、人文書院、一九六九、三五七ページ〕

27 むろんフェミニストは、女たちが日常の恋愛経験で目撃するのはむしろ反対のシナリオだ、と言うことだろう。ハンサムな若者にキスをし、必要以上に親しくなった後、つまりすでに手遅れになった後、そこに見出すのはアル中のカエルなのだ、と。

28 Jacques Lacan, *The Four Fundamental Concepts of Psycho-Analysis*, Harmondsworth: Penguin Books 1979, pp.57–8（以下 *FFC* と表記）〔Jacques Lacan, *Le Séminaire Livre XI*, *Les quatre concepts fondamentaux de la psychanalyse*, Éditions du Seuil, 1973, p.68（以下 *Les quatre concepts* と表記）ジャック・ラカン『精神分析の四基本概念』小出浩之他訳、岩波書店、二〇〇〇、七七ページ（以下、『四基本概念』と表記）〕

29 *FFC*, pp.197–8.〔*Les quatre concepts*, p.221.『四基本概念』、二六三ページ〕ラカンを読むとき、まずセミネールを読んで、然る後にそれに相当するエクリ（書かれたもの）を読むべきだが、これもその一例である。セミネールXIに相当するエクリは「無意識の位置」で、そこには、より難解であると同時により厳密なラメラ神話の公式が書かれている。対象 a（「小文字の対象 a」と読む。この a は他者 autre を意味する。ラカンの要望に従い、たいてい英語でも訳されずにそのまま用いられる）はラカンの作った語で、いくつもの意味をもつが、主として欲望の対象＝原因を指すが、欲望の対象そのものを指すのではなく、われわれが欲望する対象の中にあってわれわれにその対象への欲望を抱かせる何かを指す。

30 Stephen Mulhall, *On Film*, London: Routledge 2001, p.19.

31 Jacques Lacan, *Le triomphe de la religion, précédé de Discours aux catholiques*, Paris: Éditions du Seuil 2005, pp.93–4（以下 *Triomphe* と表記）

32 *Triomphe*, pp.96–7.

33 Joseph Campbell, *The Power of Myth*, New York: Doubleday 1988, p.222.〔ジョゼフ・キャンベル、ビル・モイヤーズ『神話の力』飛田茂雄訳、早川書房、一九九二、三八八ページ〕

34 Brian Greene, *The Elegant Universe*, New York: Norton 1999, pp.116–19.〔ブライアン・グリーン『エレガントな宇宙』林一・林大訳、草思社、二〇〇一、一六八、一七四ページ〕

35 Jacques Lacan, *On Feminine Sexuality (The Seminar, Book XX)*, New York: Norton 1998, p.3.

36 *Ethics*, p.310.〔*Éthique*, p.358.『倫理』下、二一七ページ〕

37 *Ethics*, p.314.〔*Éthique*, p.368.『倫理』下、二三一ページ〕

38 ここでは Richard Maltby, "'A Brief Romantic Interlude": Dick and Jane go to 3 1/2 Seconds of the Classic Hollywood Cinema', in *Post-Theory*, David Bordwell and Noel Carroll, eds, Madison: University of Wisconsin Press 1996, pp.434–59.

39 Maltby, p.443.

40 Maltby, p.441.

41 F.Scott Fitzgerald, *The Last Tycoon*, Harmondsworth: Penguin 1960, p.51.〔F・スコット・フィッツジェラルド『ラスト・タイクーン』大貫三郎訳、角川文庫、一九七七、七六ページ〕

42 *FFC*, p.59.〔*Les quatre concepts*, p.70.『精神分析の四基本概念』、七八 - 七九ページ〕

43 したがって、この夢と、第三章で解釈した夢、すなわち死んだ息子が父親の前にあらわれ、「父さん、ぼくが燃えているのが見えないの？」という恐ろしいことを訴える夢を合わせると、ラカンの陳述は神＝父親に対する「父さん、自分が死んでいることがわからないの？」という批難として読むことができる。

44 *The Seminar of Jacques Lacan. Book II: The Ego in Freud's Theory and in the Technique of Psychoanalysis*, New York: Norton 1988, p.128.〔Jacques Lacan, *Le moi dans la théorie de Freud*

et dans la technique de la psychanalyse, Éditions du Seuil, p.179. ジャック・ラカン『フロイト理論と精神分析技法における自我』上、小出浩之他訳、岩波書店、一九九八、二二五ページ〕

45 Karl Marx, *Capital, Volume One*, Harmondsworth: Penguin Books 1990, p.163.〔邦訳は多数あるが、たとえば、カール・マルクス『資本論』（一）、向坂逸郎訳、岩波文庫、一九六九、一二九ページ〕

46 Jana Cerna, *Kafka's Milena*, Evanston: Northwestern University Press 1993, p.174より引用。〔ミレナの手紙の邦訳は以下の本にある。マックス・ブロート『フランツ・カフカ』辻瑆他訳、みすず書房、一九七二、二五六ページ〕

47 物語の冒頭には、ランボーの Je est un autre（これは私ではない。これはまったくの他人である）の奇妙な否定が書かれている。

48 *FFC*, p.185.〔*Les quatre concepts*, p.207–8.『四基本概念』、二四五－六ページ〕

49 Hannah Arendt, *Eichmann in Jerusalem: a report on the banality of evil*, Harmondsworth: Penguin Books 1963, p.98.〔ハンナ・アーレント『イェルサレムのアイヒマン』大久保和郎訳、みすず書房、一九六九、八四ページ〕

50 以下のウェブサイトで読むことができる。http://www.militantislammonitor.org/article/id/320

51 Janet Avery and Kevin B. Anderson, *Foucault and the Iranian Revolution*, Chicago: The University of Chicago Press 2005を参照。

52 Karl Marx, 'Class Struggles in France', *Collected Works*, vol.10, London: Lawrence and Wishart 1978, p.95〔カール・マルクス「フランスにおける階級闘争１９４８年から１９５０年まで」、マルクス・エンゲルス全集第七巻、大内兵衛・細川嘉六監訳、大月書店、一九六一、五六ページ以下〕を参照。

53 *FFC*, p.103〔*Les quatres concepts*, p.118.『四基本概念』、一三五ページ〕を参照。

54 *Ecrits*, p.310.〔*Écrits*, p.825,『エクリ』Ⅲ、三四〇ページ〕

55 *FFC*, p.99.〔*Les quatres concepts*, p.114.『四基本概念』、一三一ページ〕

56 宗教的原理主義と科学的アプローチとの合弁事業の滑稽な行き過ぎのひとつが、現在イスラエルでおこなわれている。全身赤い仔牛が生まれるときに救世主がやってくるという旧約聖書の言葉を文字通りに信じる宗教集団が、膨大な時間とエネルギーを費やして、遺伝子技術を駆使し、赤い仔牛を生まれさせようとしている。

57 Jonathan Brent and Vladimir P. Naumov, *Stalin's Last Crime*, New York: HarperCollins 2003, p.307.

58 Brent and Naumov, p.297.

59 Samuel Beckett, *Trilogy*, London: Calder Publications 2003, p.418.〔サミュエル・ベケット『名づけえぬもの』安藤元雄訳、白水社、一九九五、二六三ページ〕

訳註

＊01 原文は、「朝毎に懈怠なく死して置くべし。古老曰く、『軒を出づれば死人の中、門を出づれば敵を見る。』となり。用心の事にあらず、前方死して置くことなりと」（『葉隠』下、聞書第十一、和辻哲郎・古川哲史校訂、岩波文庫、一九四一、二〇七ページ）。なお、同書の註によれば、「死人の中」は異本では「死人なり」。

＊02 『イエスマン』はベルトルト・ブレヒトが、金春禅竹（氏信）の能『谷行』（アーサー・ウェイリー英訳）を自由に翻案した作品。ある村に疫病がはやるが、薬をもっている医師は山の向こうに住んでいる。そこで師を中心に、困難な山越えをする一行が組織され、病に冒された母をもつ少年もみずから願い出て一行に加わるが、少年は山中で病に倒れてしまう。少年のために一行が引き返せば、薬を届けるのが遅くなってしまう。このような場合には、慣習として、病人自身が「引き返すべきではない」と答えることになっているので、少年も、「谷に投げ込んでよいか」という師の問いに「イエス」と答えなければならない。結末の異なる『ノーマン』といっしょに上演されるのがふつう。

＊03 ゴリツィンについての補足。一九六一年、ＣＩＡフィンランド支局にＫＧＢのゴリツィン中佐が亡命を希望して駆け込んだ。当然、「二重スパイ」ではないかという嫌疑をかけられ、事情聴取を受けたが、そのすべてにゴリツィンはパスした。彼は「自分以外の離反者はすべてニセ離反者だ。Ｃ

IAにはサーシャというソ連の二重スパイが潜入している」と主張したが、アングルトンにゴリツィンを全面的に信用し、彼以外の離反者すべてを偽物と決めつけ、さらには自分の部下たちの中から、さながら「魔女狩り」のように「サーシャ」を探した。ゴリツィンが二重スパイだったのではないか、アングルトン自身が二重スパイだったのではないかという疑いが繰り返し投じられてきたが、真相は明らかでない。

＊04 ジェニー・ホルツァーは、世界的に有名なアメリカの現代アーティスト。一九五〇年生まれ。自作の詩的・格言的テクストを発光ダイオードやプロジェクターを用いて発信するというスタイルの作品で知られる。

＊05 ジジェクが引用している英訳は、Rainer Maria Rilke, *The Notebooks of Malte Laurids Brigge* (trans. Stephen Mitchell, New York: Vintage, 1990)。邦訳は複数あるが、たとえば、ライナー・マリア・リルケ『マルテの手記』大山定一訳、新潮文庫、一九五三、二〇六‐七ページ。

＊06 「狼男」はフロイトの最も有名な患者。幼児期に彼がみた狼の夢が重要な意味をもっていたため、この名前で呼ばれている。フロイト「ある幼児期神経症の病歴より」、フロイト著作集9、人文書院、および、カリン・オブホルツァー『W氏との対話——フロイトの一患者の生涯』馬場謙一・高砂美樹訳、みすず書房、二〇〇一を参照されたい。

＊07 ジョン・ラスキン（一八一九‐一九〇〇）はイギリスの美術評論家。西洋の伝統絵画・彫刻では女性の陰毛が表現されていないので、ラスキンは女性には陰毛がないと思っていたが、結婚初夜に妻の陰毛をみてショックを受けて性的不能になり、そのために夫婦生活がないまま妻と離婚した、という説がある。

＊08　『白鯨』の日本語訳は複数ある。たとえば、「世界の文学」コレクション16、メルヴィル『白鯨』、野崎孝訳、中央公論社、一九九四、四一〇－一ページ。

＊09　フロイトは夢の具体的な内容を「顕在内容」、それがあらわしている無意識的な内容を「潜在思考」を呼んだ。前者は後者がいわば暗号化されたものである。

＊10　「ダビャ語」(Dubya-speak) は、ブッシュ米大統領の珍妙な言葉遣いを馬鹿にして呼ぶ語。詳しくは次のウェブサイトを参照されたい。http://www.dubyaspeak.com

＊11　ジジェクが引用している英訳の出典はDostoevsky Research Station というウェブサイト (www.kiosek.com/dostoevsky/library/bobok.txt)。日本語訳は複数ある。たとえば、ドストエフスキー「ボボーク」川端香男里訳、『ロシア怪談集』、沼野充義編、河出文庫、一九九〇。

＊12　バフチンによる「ボボーク」の分析については、ミハイル・バフチン『ドストエフスキーの詩学』望月哲男・鈴木淳一訳、ちくま学芸文庫、一九九五、二七四ページ以下を参照されたい。

年譜

一九〇一　四月十三日、ジャック＝マリ＝エミール・ラカン、カトリックの伝統を固く守るパリの家庭に生まれる。イエズス会（ジェズイット会）が経営するスタニスラ中等学校に学ぶ。バカロレア（大学入学資格）取得後、医学を学び、後に精神医学を専攻する。

一九二七　サンタンヌ精神病院に勤務し、臨床訓練を始める。一年後、クレランボーのいた特殊看護院に勤務。

一九三二　学位論文『人格との関係からみたパラノイア性精神病』で医学博士号を取得。

一九三三　その学位論文の内容の豊かさ、とくに事例エメの分析によって、シュルレアリストたちの間で有名になる。この年から一九三九年まで国立高等研究院でコジェーヴの「ヘーゲル読解入門」の講義に出席。

一九三四　マリ＝ルイーズ・ブロンダンと結婚し、カロリーヌ、ティボー、シビルをもうける。ルドルフ・レーヴェンシュタインの教育分析を受け、パリ精神分析学会（ＳＰＰ）の会員になる。

一九四〇　パリのヴァル＝ド・グラース陸軍病院に勤務。ドイツ軍による占領の間、いっさいの公的活動に参加せず。

一九四六　SPPが活動を再開し、ラカンはナシュト、ラガーシュとともに教育分析とスーパーヴィジョンに携わり、理論的においても活動においても重要な役割を演じる。

一九五一　SPPが、標準的な分析時間とは大きく異なるラカンの短時間分析を問題にしはじめる。

一九五三　一月、ラカンがSPPの会長に選ばれる。半年後、彼は辞任して、D・ラガーシュ、F・ドルト、J・ファヴェ＝ブトニエらとともにフランス精神分析学会（SFP）に参加。ローマで「言《パロール》および言語活動《ランガージュ》の機能と領域」と題する報告。七月十七日、シルヴィア・マクレスと結婚、ユディットをもうける。秋、サンタンヌ病院でセミネールを開始。

一九五四　最初の十のセミネールが精神分析療法、精神分析の本質概念、その倫理に関する基本的概念を詳しく論じる。この時期に、セミネール、学会、討論集会での発言などにもとづいて、『エクリ』（一九六六）を執筆。

一九五六　彼のセミネールには著名人が参加（最初のセミネールで、ジャン・イッポリートがフロイトの論文『否定』を分析したのは有名な例）。アレクサンドル・コイレ、クロード・レヴィ＝ストロース、モーリス・メルロー＝ポンティ、民俗学者マルセル・グリオール、エミール・バンヴェニストらが出席。

一九六二　SFPが国際精神分析学会（IPA）への加盟を申請。IPAは、ラカンの名を教育分析家の名簿から抹消せよという最後通牒を採択。

一九六三　IPAが設定した期限（十月三十一日）の二週間前に、SFPの教育分析委員会は一九六二年の勇気ある姿勢を放棄し、ＩＰＡの要求を受け入れることを決議。ラカンは教育分析家ではなくなる。

一九六四　ラカン派はジャン・クラヴルールを中心に精神分析研究グループを組織するが、ラカンはフランス精神分析学派を正式に創立し、これはすぐにパリ・フロイト学派（ＥＦＰ）となる。レヴィ＝ストロースやアルチュセールの後押しで、国立高等研究院の講師になる。

一九六五　一月、高等師範学校で「精神分析の四基本概念」と題する新しいセミネールを開始。参加者は分析家と高等師範学校で哲学を学ぶ若い学生からなり、その中にジャック＝アラン・ミレールがいた。

一九六六　パリのスイユ出版社から『エクリ』を上梓。この本は知識階級を超えて広く一般の関心をＥＦＰに集める。

一九六七　ラカンはＥＦＰの設立証書（Acte de Fondation）を発表する。その新しさはパス（passe）の手続きにある。パスとは、二人のパス指導者（passeur）の前で、被分析者としての体験、とくに被分析者から分析家への立場の移行という重要な契機の体験について証言することである。パス指導者は彼らの分析に関わった分析家（一般にはＥＦＰの分析家）から選ばれ、その分析体験においてはパス受験者（passant）と同じ土俵に立たなくてはならない。すなわちパス受験者の話を聞いた後で、今度は委員長であるラカンや何人かの学派分析家（ＡＥ　analyste de l'école）の前で、自分が聞いたことを証言し、承認を得なければならない。この委員会の機能は学派の分析家を選ぶことと、選抜過程の後、「教義の仕事」に携わることだった。

一九六九　ＥＦＰではパスの問題がつねに紛糾の火種となる。分析家の教育と認定に関するラカンのやり方をめぐって論争した後、一部の会員がＥＦＰを脱退し、「第四グループ」(Le quatrième groupe) が結成される。一九六八年五月以降の大学紛争において、ラカンは自分の立場を表明する。「もし精神分析学が知に分類されず、知として教育できないのなら、大学には場所をもたない。大学は知のみを扱うのだから」。高等師範学校の執行部は口実をもうけて、新学期から高等師範学校には来てもらいたくないとラカンに言い渡す。しかも、「分析のためのノート (Cahiers pour l'Analyse)」誌も休刊に追い込まれるが、ヴァンセンヌが新たな活動の場となる。ミシェル・フーコーが、ヴァンセンヌ大学における精神分析学科の創立運営をラカンに依頼する。レヴィ＝ストロースの口利きで、パンテオンのパリ大学法学部にセミネールを移す。

一九七四　ヴァンセンヌ大学の精神分析学科は「フロイトの領域 (Le Champ freudien)」と改名し、ラカンが指導者 (director) に、ジャック＝アラン・ミレールが会長 (president) となる。

一九八〇　一月九日、ラカンはＥＦＰの解散を宣言、自分といっしょに仕事を継続することを望む者はその意志を文書で知らせてほしいと述べる。一週間もたたぬうちに、千通以上の手紙が届く。二月二十一日、ラカンは「フロイトの大義 (La Cause freudienne)」の創立を宣言、後にこれは「フロイトの大義学派 (L'école de la Cause freudienne)」と改称。

一九八一　九月九日、ラカン、パリで他界。

読書ガイド

折に触れて書かれた短いテクスト（序文、あとがき、即興的な発言やインタビューの記録など）を別にすれば、ラカンの作品は二つのグループにはっきりと分かれる。セミネール（一九五三年から死ぬまで毎週、増加の一途を辿った聴衆を前にしておこなわれた）と、エクリ（書かれた理論的テクスト）である。ジャン＝クロード・ミルネールが指摘しているように、ラカンのテクストの逆説は、内輪向けの口頭の教授と一般大衆向けの印刷されたテクストという通常の分類とは対照的に、ラカンのエクリ（書かれたもの）は「エリート主義的」、つまり内輪の者にしか読めないものであるのに対し、セミネールはより広い聴衆に向けられており、したがってはるかに理解しやすい。あたかもラカンは、まず最初に、紆余曲折や袋小路も含めて、理論の道を一本敷いて、しかる後に厳密な、だが圧縮された暗号で、結果を凝縮したかのようだ。実際、ラカンのセミネールとエクリの関係は、治療における被分析者と分析家の関係に似ている。セミネールでは、ラカンは被分析者としてふるまう。すなわち「自由連想し」、即興で語り、飛躍したり跳躍したりしながら、聴衆に語りかける。そのために聴衆のほうはいわば集合的な分析家の役割を負わされる。これと比べて、彼の書いたものはひじょうに濃縮されていて、公式的である。時には託宣のような不可解で曖昧な命題を投げつけ、それに取り組んで明快な命題に翻訳し、適切な例を挙げ、その意味を論理的に証明しろ、と読者を挑発する。通常の学問的な手続きにおいては、著者が命題を公式化し、さまざまな議論によってそれを裏付けるわけだが、それとは対照的にラカンはしばしばこの仕事を読者に委ねる。いやそれだけでなく、読者は、ラカンが次々に繰り出す互いに矛盾した命題の中から、どれがラカンの本当の命題なのかを決めなくてはならず、託宣のような公式の真意を忖度しなければならない。そうした厳密な意味において、ラカンのエクリは分析家による介入のようなもので、その目的は、被分析者に既製の意見や陳述を提供することではなく、被分析者を働かせることである。

　では何をどう読んだらいいのか。エクリなのか、セミネールなのか。唯一の正しい答は、古い「紅茶にしますか、コーヒーにしますか」というジョークと同じく、「はい、いただきます（Yes, please!）」である。つまり、両方読む必要がある。でもいきなりエクリを読み始めても、何ひとつ理解できないだろうから、セミネールから読み始めるのがよい。ただしそこでやめてはいけない。セミネールだけを読んでも、何ひとつわからないだろう。セミネールのほうがエクリよりも明晰で透明だというのはまったく誤解である。セミネールはしばしば揺らぎ、さまざまなアプローチを試行錯誤している。正しい方法は、まずセミネールを読み、続けてそれに対応するエクリを読んで、セミネールの「要点を把握する」ことだ。これはNachträglichkeit（大ざっぱに訳せば「延期された行動」）の時間順序であり、これは精神分析治療に固有のものである。エクリは明晰で、厳密な公式を与えてくれるが、その背景を満たしているセミネールを読んでからでないと理解できない。とくに顕著な例は第七セミネール「精神分析の倫理」とそれに対応する『エクリ』の「カントとサド」、同じく第十一セミネール「精神分析の四基本概念」と「無意識の位置」である。

現在、ラカンのセミネールの半数以上がフランス語で出版されている。二、三年遅れで追いかけている英訳は概して質が高いといえる。『エクリ』の英訳は抜粋の形でしか出版されていない（ブルース・フィンクによる新訳は旧訳よりもはるかに優れている。フィンクはすでに『エクリ』を全訳しており、近刊の予定である）。ラカンは娘婿ジャック＝アラン・ミレールを「私をどう読むべきかを知っている唯一の人物」と呼び、出版に向けたセミネールの編集を彼に委ねた。ラカンの判断は正しい。ミレールの数多くの著作や彼自身のセミネールはラカン入門として卓抜している。時としてミレールは、『エクリ』の難解な箇所を完璧に明快にするという奇跡をやってのける。おかげで読者は「どうして私はこんなことがわからなかったのだろう」と、狐につままれたような気分になる。個々のセミネールについては、ＳＵＮＹ出版局から「セミネールを読む」というシリーズが出ている（第十七セミネールについての最終巻のみデューク大学出版局より刊行予定）。

以下に、いくつかの必読文献を掲げることにする。

全般的で手頃なラカン入門書として最も優れているのは、Sean Homer, *Jacques Lacan*, London: Routledge 2005.

臨床面における最良の入門書は、Bruce Fink, *A Clinical Introduction to Lacanian Psychoanalysis*, Princeton: Princeton University Press 1999; Darian Leader, *Why Do Women Write More Letters Than They Post?*, London: Faber & Faber 1996.

ラカンと哲学に関する最も優れた論文は、Joan Copjec, *Read My Desire*, Cambridge: MIT Press 1994; Alenka Zupancic, *Ethics of the Real*, London: Verso 2000.〔ジョアン・コプチェク『わたしの欲望を読みなさい――ラカン理論によるフーコー批判』梶理和子他訳、青土社、一九九八。アレンカ・

ジュパンチッチ『リアルの倫理――カントとラカン』冨樫剛訳、河出書房新社、二〇〇三〕

ラカン派が「フロイト的領域の諸関連」と呼ぶもの（文化社会現象のラカン的読解）の最良のものは、Eric Santner, *My Own Private Germany*, Princeton: Princeton University Press 1996; Mladen Dolar, *Voice and Nothing More*, Cambridge: MIT Press 2006.

ラカンの伝記では、Elisabeth Roudinesco, *Jacques Lacan: An Outline of a Life and a History of a System of Thought* (Cambridge: Polity Press 1999)〔仏語原書はElisabeth Roudinesco, Jacques Lacan, *Esquisse d'une vie, histoire d'un systéme de pensée*, Librairie Arthéme Fayard, 1993. 邦訳は、エリザベト・ルディネスコ『ジャック・ラカン伝』藤野邦夫訳、河出書房新社、二〇〇一〕が、膨大な量の資料が収録されており、いまだに最良である（解釈はしばしば問題を含んでいるが）。

最後になってしまったが、ラカンに捧げられた無数のウェブサイトの中で最も優れているのは今なお、疲れを知らぬ Josefina Ayerza がニューヨークで運営する lacan.com である。

〔訳者注記〕

現在、日本語で読めるラカンの著作は以下の通り。

◎『エクリ』Ⅰ‐Ⅲ、宮本忠雄・佐々木孝次他訳、弘文堂、一九七二‐八一
◎『精神病』（セミネール3）、小出浩之他訳、岩波書店、一九八七
◎『フロイトの技法論』（セミネール1）上下、小出浩之他訳、岩波書店、一九九一
◎『フロイト理論と精神分析技法における自我』（セミネール2）上下、小出浩之他訳、岩波書店、一九九八
◎『精神分析の四基本概念』（セミネール11）、小出浩之他訳、岩波書店、二〇〇〇
◎『精神分析の倫理』（セミネール7）上下、小出浩之他訳、岩波書店、二〇〇二
◎『無意識の形成物』（セミネール5）上下、佐々木孝次他訳、岩波書店、二〇〇五
◎『対象関係』（セミネール4）上下、小出浩之他訳、岩波書店、二〇〇六
◎『二人であることの病い』宮本忠雄・関忠盛訳、朝日出版社、一九八四
◎『ディスクール』佐々木孝次・市村卓彦訳、弘文堂、一九八五
◎『家族複合』宮本忠雄・関忠盛訳、哲学書房、一九八六
◎『人格との関係からみたパラノイア性精神病』宮本忠雄・関忠盛訳、朝日出版社、一九八七
◎『テレヴィジオン』藤田博史・片山文保訳、青土社、一九九二

日本人による代表的なラカン入門書は以下の通り。

◎新宮一成『ラカンの精神分析』講談社現代新書、一九九五

◎福原泰平『ラカン——鏡像段階』（現代思想の冒険者たち）、講談社、一九九八／二〇〇五
◎新宮一成編『知の教科書　フロイト＝ラカン』講談社選書メチエ、二〇〇五
◎斎藤環『生き延びるためのラカン』バジリコ、二〇〇六

訳者あとがき

本書は、イギリスのグランタ出版社から出ているHOW TO READ（「××をどう読むか」あるいは「××の読み方」）という入門書シリーズの一冊である*How to Read Lacan*（2006）の翻訳である。このシリーズでは、すでにマルクス、ニーチェ、フロイト、ダーウィン、デリダ、ハイデガー、ヴィトゲンシュタイン、ユングなどを扱った二十巻以上が出ており、聖書、コーラン、古代エジプトの死者の書を扱った巻もある。

ラカンは、「名前だけは知っているが、実際に読んだことはない」という思想家の代表格であろう。想像界・象徴界・現実界、鏡像段階、あるいは対象aといった用語は聞いたことがあっても、それ以上のことはよく知らないという人が多いのではなかろうか。そして多くの人が「ひどく難解らしい」という印象を抱いているにちがいない。

たしかにラカンは難解である。わざと難解に書いているふしもある。何しろセミネールが出版されるまで、私たちに入手できるのは『エクリ』だけだった。これはひじょうに難解な書物である。それでほとんどの人は「ラカンはワカラン」と駄洒落を言って、両手を挙げて降参したのだった。日本の場合、『エクリ』の邦訳が劣悪だったため、余計にラカンが難解に思われたということもある（まだ研究文献のあまりない早い時期の翻訳だから間違いが多いのは無理もないという側面もあるが、単純な語学的ミスも散見される）。

その後、セミネールが刊行され始め、その日本語訳も一九八七年以来、すでに数冊刊行されている。本書の中でジジェクが言っているように、『エクリ』とセミネールを併せて読むと、かなり「わかってくる」。

とはいえ、「ラカンがよくわかった」という人はまだ少ないにちがいない。ラカンの入門書はすでに何冊も出ているが、「これを読めばラカンがよくわかる」と言えるような本はまだないように思われる。そもそも、ラカンをわかりやすくすること自体が原理的に不可能なのかもしれない、という気すらする。

この『ラカンはこう読め！』は、これまでに出た最良のラカン入門書であると断言してもよかろう。ただし著者ジジェクは、ラカンの書いていること、言っていることを逐一解説するわけではない。ふつうの「注釈書」ではない。本書の冒頭で彼が書いているように、ラカンを解説する最良の方法は、今日の政治、社会現象、文化、芸術作品をラカン的に読むこと、つまり、ラカンの理論を実践することだ、というのが著者の基本的姿勢なのである。そのため、本書はふつうの入門書とはずいぶん趣を異にしている。知的興奮を誘う面白い読み物だといってもいい。入門書たるものかくあるべし、といったら褒めすぎだろうか。

実のところ、これまでのジジェクの著書はすべて本書と同じ姿勢で書かれてきた。だから彼の著書はすべてラカンの解説書であるといっても過言ではない。

ただし、「フロイト派」のラカンが独創的な思想家であるのと同じように、「ラカン派」のスラヴォイ・ジジェクもまた歴とした思想家である。彼はスロヴェニア出身で、現在、ロンドン大学のバークベック・コレッジの人文科学高等研究センターの国際ディレクターという役職にあるが、彼について知るには、二〇〇七年一月に英国リーズ大学のポール・テイラーが中心となって始めた「国際スラヴォイ・ジジェク研究学術誌」をご覧になるのがいちばんいいだろう。これはいわゆるウェブマガジンで、その創刊趣旨は日本語で読むこともできる(http://zizekstudies.org/)。訳者も編集委員に加わっている。

ジジェクの著作はすでに三十カ国語以上に翻訳されているという。

スラヴォイ・ジジェクという特異な思想家の存在を教えてくれたのは浅田彰氏である。浅田さんの勧めで、浅田氏と柄谷行人氏が創刊した『批評空間』に、『イデオロギーの崇高な対象』の翻訳を連載しはじめ、ジジェクの最初の紹介者という名誉に浴することになった。一九九一年のことである。その後の十数年の間にジジェクの著作は二十冊以上邦訳され、その名はすっかり日本でも有名になったといっても過言ではなかろう。以下に、邦訳されている彼の著作を列挙しておく。

1 『ヒッチコックによるラカン――映画的欲望の経済』露崎俊和訳、トレヴィル、一九九四

2 『斜めから見る――大衆文化を通してラカン理論へ』鈴木晶訳、青土社、一九九五

3 『為すところを知らざればなり』鈴木一策訳、みすず書房、一九九六

4 『快楽の転移』松浦俊輔・小野木明恵訳、青土社、一九九六

5 『仮想化しきれない残余』松浦俊輔訳、青土社、一九九七

6 『否定的なもののもとへの滞留――カント、ヘーゲル、イデオロギー批判』酒井隆史・田崎英明訳、太田出版、一九九八／ちくま学芸文庫、二〇〇六

7 『幻想の感染』松浦俊輔訳、青土社、一九九九

8 『いまだ妖怪は徘徊している！』長原豊訳、情況出版、二〇〇〇
9 『イデオロギーの崇高な対象』鈴木晶訳、河出書房新社、二〇〇〇
10 『汝の症候を楽しめ――ハリウッドvsラカン』鈴木晶訳、筑摩書房、二〇〇一
11 『脆弱なる絶対――キリスト教の遺産と資本主義の超克』中山徹訳、青土社、二〇〇一
12 『全体主義――観念の（誤）使用について』中山徹・清水知子訳、青土社、二〇〇二
13 『偶発性・ヘゲモニー・普遍性――新しい対抗政治への対話』（バトラー、ラクラウとの共著）竹村和子・村山敏勝訳、青土社、二〇〇二
14 『信じるということ（Thinking in action）』松浦俊輔訳、産業図書、二〇〇三
15 『「テロル」と戦争――〈現実界〉の砂漠へようこそ』長原豊訳、青土社、二〇〇三
16 『オペラは二度死ぬ』（ムラデン・ドラーとの共著）中山徹訳、二〇〇三
17 『身体なき器官』長原豊訳、河出書房新社、二〇〇四
18 『イラク――ユートピアへの葬送』松本潤一郎・白井聡・比嘉徹徳訳、河出書房新社、二〇〇四
19 『操り人形と小人――キリスト教の倒錯的な核』中山徹訳、青土社、二〇〇四
20 『ヒッチコック×ジジェク』鈴木晶・内田樹訳、河出書房新社、二〇〇五
21 『ジジェク自身によるジジェク』清水知子訳、河出書房新社、二〇〇五

22『迫り来る革命——レーニンを繰り返す』長原豊訳、岩波書店、二〇〇五
23『厄介なる主体1——政治的存在論の空虚な中心』鈴木俊弘・増田久美子訳、青土社、二〇〇五
24『人権と国家——世界の本質をめぐる考察』岡崎玲子訳、集英社新書、二〇〇六
25『厄介なる主体2——政治的存在論の空虚な中心』鈴木俊弘・増田久美子訳、青土社、二〇〇七
26『来たるべきデリダ——連続講演「追悼デリダ」の記録』（スピヴァク、ナンシー他との共著）藤本一勇監訳、明石書店、二〇〇七

訳者

二〇〇七年十一月

［な］

［は］

［ま］

［や］

［ら］

［わ］

索　引

訳者紹介

鈴木晶（すずき・しょう）

一九五二年、東京生まれ。東京大学文学部露文学科卒業。法政大学名誉教授。専攻は、文学、精神分析学、舞踊学。著書に『フロイト　精神の考古学者』（河出書房新社）、『ニジンスキー　踊る神と呼ばれた男』（みすず書房）など多数。訳書にフロム『愛するということ』（紀伊國屋書店）、ゲイ『フロイト』（みすず書房）、ロス『死ぬ瞬間』（中公文庫）、ジジェク『イデオロギーの崇高な対象』（河出書房新社）、『斜めから見る』（青土社）など多数。

ラカンはこう読め！

二〇〇八年二月　六日　第一刷発行
二〇二五年三月二七日　第九刷発行

著者　スラヴォイ・ジジェク

訳者　鈴木晶

発行所　株式会社 紀伊國屋書店
東京都新宿区新宿三 - 一七 - 七
出版部（編集）電話〇三（六九一〇）〇五〇八
ホールセール部（営業）電話〇三（六九一〇）〇五一九
〒一五三 - 八五〇四　東京都目黒区下目黒三 - 七 - 一〇

装画　白根ゆたんぽ

装丁・本文組版　木庭貴信＋松川祐子（オクターヴ）

印刷・製本　中央精版印刷

写真協力　（財）川喜多記念映画文化財団

 ISBN978-4-314-01036-8 C0010
Printed in Japan　定価は外装に表示してあります